DISCIPLINE है जहाँ, सफलता है वहाँ

DISCIPLINE है जहाँ, सफलता है वहाँ

अनुशासन बढ़ाएँ, इच्छाशक्ति मजबूत करें और जीवन के हर क्षेत्र में आगे बढ़ें!

डेमन जहरिएड्स

प्रभात प्रकाशन

प्रकाशक

प्रभात प्रकाशन प्रा. लि.

4/19 आसफ अली रोड, नई दिल्ली-110002

फोन : 011-23289777 • हेल्पलाइन नं. : 7827007777

इ-मेल : prabhatbooks@gmail.com ❖ वेब ठिकाना : www.prabhatbooks.com

संस्करण

2026

अनुवाद

आनंद कुमार राय

पेपरबैक मूल्य

चार सौ रुपए

मुद्रक

आर-टेक ऑफसेट प्रिंटर्स, दिल्ली

———— ★ ————

DISCIPLINE HAI JAHAN, SAFALTA HAI WAHAN
by Damon Zahariades
(Hindi translation of HOW TO LEAD A DISCIPLINED LIFE)

Published by **PRABHAT PRAKASHAN PVT. LTD.**
4/19 Asaf Ali Road, New Delhi-110002
by arrangement with Art of Productivity/DZ Publications, USA

ISBN 978-93-5562-987-6

₹ 400.00 (PB)

अनुक्रम

भाग–3

आत्म-अनुशासन के विषय पर उल्लेखनीय उद्धरण

~

पहली और सबसे अच्छी जीत स्वयं पर विजय पाना है।

—प्लेटो

दूसरों पर काबू पाना ताकत है, अपने आप पर काबू पाना ही सच्ची शक्ति है।

—लाओ त्सू

अनुशासन लक्ष्य और उपलब्धि के बीच का पुल है।

—जिम रॉन

प्रस्तावना

~

ऐसे किसी सबसे अनुशासित व्यक्ति के बारे में सोचिए, जिसे आप जानते हैं। वह शुरू से ही ऐसा नहीं था। वह जन्म से ही वैसा नहीं था। कोई भी व्यक्ति जन्म से अनुशासित नहीं होता। हम अनुशासनहीन पैदा होते हैं। हम शुरू से ही अपनी कमजोरियों से जूझते रहते हैं। हम उनके आगे झुक जाते हैं और अपना जीवन उन्हें चलाने देते हैं।

फिर हम तय करते हैं कि अब बहुत हो गया।

हम अपनी प्रकृति के विरुद्ध लड़ने का संकल्प लेते हैं। हम बहुत सारी लड़ाइयाँ हारते हैं, लेकिन हम धीरे-धीरे संयम और स्वयं पर नियंत्रण करना सीखते हैं। हम अपने आवेगों पर लगाम लगाना सीखते हैं। हम आत्म-संयम का मूल्य सीखते हैं। और हम उन कई फायदों को देखने लग जाते हैं, जो हमें उनके कारण होते हैं।

जीत का स्वाद चखते हुए हम आगे बढ़ते हैं। समय और लगातार एक नए दृढ़ संकल्प के साथ हमारी विफलताएँ कम होने लगती हैं। हम आत्म-अनुशासित बनने की दिशा में उत्तरोत्तर प्रगति करने लगते हैं।

बेशक, हम इसके बाद भी असफलताओं का अनुभव करते हैं। हम लड़खड़ा जाते हैं। हम रास्ते में छोटी-मोटी जंग हार जाते हैं; लेकिन अब हमें ऐसा महसूस नहीं होता कि हम कोई हारी हुई लड़ाई लड़ रहे हैं। हम विजय दिलाने वाली

लड़ाई लड़ रहे होते हैं। हमारी हार कभी-कभार ही होती है। और यह युद्ध, जो वास्तव में कभी समाप्त नहीं होता, वहीं हमें सतर्क रहना चाहिए, क्योंकि आलस्य और बुरी आदतों में फँसने का खतरा हमेशा बना रहता है। लेकिन अपने स्वभाव पर काबू पाने में हमें अब उतनी मेहनत नहीं करनी पड़ती है।

अंत में जबरदस्त प्रयास और अथक परिश्रम (और शायद थोड़ी वेदना) के बाद हम अपने आवेगों पर काबू पा लेते हैं। हम विजयी होते हैं।

अनुशासित जीवन जीने के लिए यही वह लड़ाई है, जिसे हम सभी लड़ते हैं।

—डेमन जहरिएड्स

आर्ट ऑफ प्रोडक्टिविटी
सितंबर 2023

मेरी कहानी

~

मेरा पालन-पोषण ऐसे घर में हुआ, जहाँ आत्म-अनुशासन पर जोर दिया जाता था। आवेग नियंत्रण की प्रशंसा की जाती थी। आलस्य को हतोत्साहित किया जाता था। आवेश और आचरण पर नियंत्रण की सराहना की जाती थी। अतिभोग और किसी चीज की अति का तिरस्कार किया जाता था।

स्पष्ट कर दूँ कि मैं जब छोटा था, तब मेरे घर में स्नेह और लाड़-प्यार की कोई कमी नहीं थी। मैं यह नहीं कहना चाहता कि मेरे माता-पिता निरंकुश थे। इसके विपरीत, वे मेरे भाई और मुझ पर उस प्रकार का प्रेम, अनुराग और उत्साह न्योछावर किया करते थे, जिन्हें माताएँ अपने बच्चों के प्रति व्यक्त करने में विशेष रूप से योग्य होती हैं।

इतना कहने के साथ ही अपने जीवन की उस अवधि को याद करते हुए मुझे यह गंभीर अनुभूति होती है। अब मुझे समझ आता है कि मेरे माता-पिता आत्म-अनुशासन के अनेक गुणों के संबंध में मुझे और मेरे भाई को कठिन व मूल्यवान् ज्ञान दे रहे थे।

अकसर ऐसी अच्छी बातों को दरकिनार कर दिया जाता था।

मैं जिद्दी था, हठी, अकर्मण्य; कभी-कभी बेलगाम (जिसे कोई परोपकारी व्यक्ति 'स्वतंत्र' या 'स्वच्छंद सोच' वाला भी कह सकता है)।

जैसी कि आशंका थी, जीवन ने नतीजे सामने ला दिए।

बचपन के दिन

बचपन में मैं काफी भारी-भरकम था। अधिकांश बच्चों की तरह ही मुझे भी मीठे से प्यार था। मैं इतना परिपक्व नहीं था कि अपनी इच्छाओं पर लगाम लगा सकूँ; इसलिए जितना संभव था, जंक फूड खाया करता था। माता-पिता मेरी पेट-पूजा पर लगाम लगाने की भरपूर कोशिश करते थे; लेकिन स्कूल, तैराकी के अभ्यास और दोस्तों के साथ मैं जब भी होता तो उनके लिए मेरी निगरानी कर पाना संभव नहीं था।

खेलकूद में शामिल रहने और लगातार अपनी कैलोरी की खपत करने के बावजूद मैं मोटा हो गया।

मैंने काफी छोटी उम्र (6 साल) से ही प्रतिस्पर्धा के भाव से तैयारी शुरू कर दी थी। जैसा कि आप समझ सकते हैं, मोटा होने के कारण मेरे सामने समस्याएँ खड़ी हो गईं। मेरा प्रदर्शन खराब हो गया। सर्वोत्तम बनने के सपने देखने के बावजूद मैं विरले ही अच्छे से ऊपर उठ पाया। मैं जब तक हाई स्कूल में पहुँचा, तब तक मैं मुश्किल से औसत दर्जे का था। यह साफ हो चुका था कि प्रतिस्पर्धी भावना से तैयारी के मेरे दिन लद गए थे।

मैं जब 15 साल का था, तब मैंने हार मान ली।

स्कूल का काम एक और समस्या बनकर आया। अनुशासन की कमी के कारण मुझे जितना पढ़ना चाहिए था, मैं उतना नहीं पढ़ता था। पढ़ाई पर जो समय देता, वह भी अपनी माँ के जोर देने के कारण। अगर उन्होंने दबाव नहीं बनाया होता तो मैं हर क्लास में फेल हो जाता। इसके बावजूद मैं कभी-कभी अपने असाइनमेंट पूरे नहीं करता था और परीक्षाओं में मेरा प्रदर्शन अकसर खराब रहता था।

हाई स्कूल में इस समस्या ने सिर उठाना शुरू कर दिया। मेरे पास अधिक स्वतंत्रता और समय बरबाद करने के अधिक मौके थे, जबकि उन्हें पढ़ाई पर खर्च किया जाना चाहिए था। मेरा प्रदर्शन ठीक-ठाक रहा; लेकिन मैं उन छात्रों के शैक्षणिक प्रदर्शन के कभी आसपास भी नहीं फटक सका, जो अधिक अनुशासित थे।

मेरे सामने अब कॉलेजों में दाखिले की अर्जी देने का समय आ गया था। मेरी इच्छा थी कि मैं किसी प्रतिष्ठित संस्थान से पढ़ाई करूँ। किसी ने भी मुझे दाखिला नहीं दिया। मेरे ग्रेड अच्छे नहीं थे। मेरे पास दिखाने के लिए कुछ तो क्या, एक भी एक्स्ट्रा करिकुलर एक्टिविटी (पाठ्येतर गतिविधि) नहीं थी। मेरे विकल्प चूँकि सीमित थे, इसलिए मैंने एक ऐसी यूनिवर्सिटी में पढ़ाई की, जिसकी एक बेहतर

संस्थान के रूप में न इज्जत थी, न नाम था।

कॉलेज के दिन रोमांच से भरे थे। अब मेरे पास इतनी स्वतंत्रता थी, जो मैंने पहले कभी देखी नहीं थी। अफसोस कि इस स्वतंत्रता ने अच्छा तो कम, बुरा ज्यादा किया। जब भी विकल्प मिलता कि पढ़ाई करूँ या नहीं, तो मैं हमेशा दूसरे को ही चुनता था। मैं इतनी दूर तक नहीं सोच पाता था कि अंत में इसका नतीजा क्या होगा?

मिडिल स्कूल और हाई स्कूल में पूरी तरह फेल हो जाना संभव नहीं था। होमवर्क तुलनात्मक रूप से आसान था। परीक्षा कभी-कभी मुश्किल होती थी, लेकिन रट्टा मारकर काम निकल जाता था। कॉलेज अलग ही था। असाइनमेंट में काफी समय और प्रयास लगाना पड़ता था। घंटों पढ़ाई के बिना परीक्षा पास कर पाना काफी हद तक असंभव था।

मैं कम-से-कम एक क्लास तो छोड़ ही दिया करता था और दूसरों में प्रदर्शन काफी खराब रहता था। यही नहीं, सही समय पर न सोने के कारण (जो अनुशासनहीन जीवन में अकसर होता है) मैं लेक्चर के दौरान अकसर सो जाया करता था। एक दिन मेरे एक प्रोफेसर ने अलग ले जाकर मुझसे पूछा कि क्या मेरे घर पर सब ठीक है? उन्हें मेरी चिंता थी।

अनुशासन की कमी और अपनी इच्छाओं को नियंत्रित करने की अपनी अयोग्यता का मुझे कई प्रकार से नुकसान हुआ; लेकिन अफसोस कि मैं उसका अनुमान नहीं लगा पाता था।

पढ़ाई खत्म हुई और नौकरी शुरू

मैंने कॉलेज की पढ़ाई पूरी की और मुझे एक कॉरपोरेट नौकरी मिल गई। वैसे, मैं सपने तो एक ऐसे पद के देखता था, जहाँ मोटा वेतन और प्रभावशाली लोगों के साथ काम करने का मौका मिले, लेकिन ऐसा हो न सका। कॉलेज में मेरा शैक्षणिक प्रदर्शन मेरी बाधा बन गया। मेरा लिखना-पढ़ना किसी को प्रभावित करने के काबिल नहीं था और जो पद मुझे दिया गया, वह कॉरपोरेट फूड चेन में काफी नीचे था। हद से अधिक नीचे।

आप सोचेंगे कि मैंने सबक सीख लिया होगा। आपको लगेगा कि मेरे भीतर इतनी जागरूकता आ चुकी होगी कि मैं अपनी विफलताओं को समझूँ, उनके दुष्प्रभावों को मानूँ और अपने भीतर सुधार करूँ। लेकिन मैंने ऐसा नहीं किया। या

अधिक सही ढंग से कहूँ तो मैंने अपनी गलतियों को पहचाना, लेकिन इस प्रकार नहीं कि वे मुझे उनकी जिम्मेदारी लेने के लिए मजबूर कर दें। इस प्रकार से नहीं कि वे मुझे आत्म-अनुशासन विकसित करने के लिए विवश कर दें।

मैं स्वच्छंद रहा। मैं विलासिता में डूबा रहा और वर्तमान में समय तथा प्रयास लगाकर भविष्य में फल पाने के बजाय हमेशा ही आज और अभी तृप्त होने को प्राथमिकता देता था।

बेशक, इसका नौकरी में मेरे प्रदर्शन पर बुरा प्रभाव पड़ा। मेरे काम की गुणवत्ता बिगड़ी। नतीजा यह हुआ कि मुझसे जूनियर लोगों को प्रमोशन दे दिया गया और मुझे 'चमकने' के कम-से-कम अवसर मिलने लगे। नौकरी के अलावा भी अनुशासन की कमी के नतीजे सामने आने लगे। मैं अपने मोटापे से लगातार जूझ रहा था। मेरे रिश्ते बिगड़ रहे थे। मेरी कोई हॉबी नहीं बची थी, जिसमें एकाग्रता, समय और प्रयास लगता हो।

मेरे लिए अपने जीवन का यह एक खाली समय था। मुझे शायद ही कभी गहरी संतुष्टि का अनुभव हुआ, जो महान् उपलब्धियों पर होती है। मुझे शायद ही कभी भावनात्मक खुशी हुई, जो यह जानकर मिलती है कि आपकी मेहनत का आपको अंत में एक बड़ा इनाम मिला है।

मैं दु:खी था। मैं जीवन में लक्ष्यहीन होने का अनुभव कर रहा था; लेकिन अपने अंदर झाँकने और यह समझने के बजाय कि ऐसी भावनाएँ मेरे भीतर अनुशासन की कमी के कारण पैदा हो रही हैं, मैंने बाहर की ओर ध्यान लगाया। मैंने यह मान लिया कि मेरी निराशा और खिन्नता का कारण मेरा कॅरियर है। इस पर चिंतन के बजाय कि यह सही है या नहीं (चिंतन के लिए भी अनुशासन चाहिए), मैंने खुद को समझा दिया कि कारण यही है।

मैंने बदलाव लाने का फैसला किया।

मैंने अपनी नौकरी छोड़ दी।

अपनी मरजी के रास्ते पर चल पड़ा
(असफलता का कड़वा स्वाद)

कॉरपोरेट अमेरिका में काम करते हुए मैंने एक साइड बिजनेस शुरू किया। मैंने नौकरी छोड़ दी और उस व्यापार को खड़ा करने में जुट गया।

आप सोचेंगे कि इस काम में तो संयम और आत्म-नियंत्रण चाहिए। और कुछ समय तक मैंने ऐसा किया भी। साइड बिजनेस अपने आप ही खड़े नहीं होते। लेकिन याद रहे, मैंने अब तक अपने अनुशासनहीन होने के दुष्प्रभावों को स्वीकार नहीं किया था, उनकी जिम्मेदारी लेने की तो बात ही छोड़िए। इसलिए मैं अपनी 'स्वच्छंद और बेफिक्र' जीवन-शैली को आगे बढ़ाता रहा।

उदाहरण के लिए, समय का खयाल किए बिना मैं दोस्तों के साथ वीडियो गेम्स खेला करता था। मैं अकसर रात के 2 बजे सोने जाता और सुबह 5 बजे उठ जाता था। नींद की कमी को मैं कॉफी से पूरा करने की कोशिश करता था।

मेरा आहार भयंकर था और खामियाजा मेरे स्वास्थ्य को भुगतना पड़ रहा था। मेरी एकाग्रता और भी कम हो गई और मेरे रिश्ते बिगड़ते चले गए। मोटापे से मेरी लड़ाई जारी थी। मैं रोजाना दफ्तर जाने से मिली स्वतंत्रता का आनंद ले रहा था, फिर भी मन दुःखी था।

मेरा साइड बिजनेस बढ़ने लगा और इतनी कमाई हो जाती थी, जो उन विफलताओं से ध्यान भटकाने के लिए काफी थी। एक सफल कारोबार चलाने के बाद कुछ होता है, जो आपको समझा देता है कि आप जिस रास्ते पर हैं, वह सही है। मेरी (गलत) धारणा थी कि मैं अपना समय बुद्धिमानी से खर्च कर रहा हूँ।

ऐसी धारणाएँ विनाशकारी सिद्ध हुईं। मेरे व्यर्थ के आत्मविश्वास ने मेरे व्यवसाय की मूलभूत समस्याओं को छिपा दिया।

आखिरकार, मेरा व्यवसाय विफल हो गया।

प्रोग्रेस रिपोर्ट

आज सबकुछ एकदम अलग है।

अपने व्यवसाय के विफल हो जाने के बाद अंत में मैं बैठा और मैंने उस समय तक के अपने जीवन पर चिंतन किया। मैं कहना चाहता हूँ कि यह आत्म-जागरूकता और आत्म-ज्ञान से प्रेरित था। लेकिन यह सच नहीं है। यह निराशा, हताशा और तनाव से प्रेरित था। यह निराशाजनक लगता है; लेकिन यही वह प्रेरणा थी, जिसकी मुझे अपनी असफलताओं के मूल मुद्दों की पहचान करने के लिए आवश्यकता थी।

मैंने अपने बारे में कुछ कड़वी सच्चाइयाँ स्वीकार कीं और मैंने माना कि

आनंदप्रद जीवन का अनुभव करने के लिए मुझे महत्त्वपूर्ण बदलाव करने की आवश्यकता है।

मैंने अपने आत्म-अनुशासन पर काम करने का निर्णय लिया। विडंबना यह है कि अपने व्यवसाय की विफलता से पहले मैंने मान लिया था कि मैं आत्म-अनुशासित हूँ। यह उल्लेखनीय (और चिंताजनक) है कि खुद को धोखा देना कितना आसान था—मुझे इस भ्रम को अपनाने की कितनी जल्दी थी! एक बार जब मैंने अपनी कमियों का सामना किया और उन्हें स्वीकार कर लिया (अपनी जिम्मेदारी ली) तो मैंने देखा कि वास्तव में मेरे पास अपनाने के लिए केवल एक ही रास्ता था। इस रास्ते पर चलने में कड़ी मेहनत करनी थी; लेकिन इसने उन पुरस्कारों का भी वादा किया, जिन्हें मैं दिल की गहराई से, यहाँ तक कि व्यग्रता से चाहता था।

इस निर्णय ने मेरा जीवन बदल दिया।

उपसंहार

अधिक अनुशासित बनने का निर्णय लेने से पहले मेरा जीवन केवल असफलताओं का सिलसिला नहीं था। ऐसे पल भी आए थे, जब मुझे जबरदस्त सफलता, खुशी और संतुष्टि का अनुभव हुआ। लेकिन ये पल हमेशा किसी-न-किसी प्रकार से सीमित, अविश्वसनीय या अल्पकालिक होते थे।

उदाहरण के लिए, मेरा वजन कम हुआ, लेकिन फिर से बढ़ गया। मुझे कई बार प्रमोशन दिया गया, लेकिन मैंने बेहतर प्रदर्शन करने वाले सहकर्मियों को खुद से पहले पदोन्नत होते देखा। मैंने बेहतरीन रिश्तों का आनंद लिया, लेकिन अधिकांश असफल रहे। कई उतार-चढ़ाव आए।

आत्म-अनुशासन विकसित करने से मुझे उतार-चढ़ावों को दूर करने में मदद मिली। बेशक, अभी भी उतार-चढ़ाव आते हैं, लेकिन ऊँचाई इतनी ऊँची नहीं होती और गिरावट इतनी अधिक नहीं। इसके बजाय उनमें अधिक स्थिरता होती है। इसके अलावा, बहुत सारी बकवास चीजें, जो अतीत की हताशा व निराशा का कारण बनीं, वे जीवन से दूर जा चुकी हैं।

आज मेरा स्वास्थ्य आश्चर्यजनक रूप से बेहतर हुआ है। मेरा वजन उतना ही है, जितना मैं चाहता हूँ। मेरे रिश्ते बेहतर तथा अधिक फायदेमंद हैं और मेरा काम (ज्यादातर लेखन) मुझे संतुष्टि एवं उपलब्धि की गहन भावना से भर देता है।

यदि आपने यहाँ तक पढ़ लिया है तो धन्यवाद! अपनी पिछली कई असफलताओं और निराशाओं को उजागर करना मुझे तकलीफ पहुँचाता है। मुझे आशा है कि मेरी कहानी दिखाती है कि अड़ियल अनुशासनहीनता के क्या-क्या नुकसान होते हैं। इनमें से कुछ आपको अपने अनुभवों जैसे भी लग सकते हैं।

मेरी कहानी का मुख्य बिंदु यह है कि बदलाव संभव है। आपकी परिस्थितियाँ चाहे जो भी हों, आप आज फैसला कर सकते हैं कि आप अपनी स्वच्छंदता पर नियंत्रण पाएँगे, आलस्य को नियंत्रित रखेंगे; इस प्रकार का जीवन जिएँगे, जो आपके मूल्यों, दृढ़ विश्वासों और आकांक्षाओं के अनुरूप हो। अंत में मुझे आशा है कि आप अनुशासित जीवन जीने के लिए प्रेरित होंगे।

□

'Discipline है जहाँ, सफलता है वहाँ' में आप क्या सीखेंगे

यह पुस्तक तीन अलग-अलग भागों को मिलाकर बनी है। प्रत्येक भाग का एक विशेष उद्‌देश्य है (जिसके बारे में मैं आगे विस्तार से बताऊँगा)। वे एक प्रकार की निजी कार्यशाला बनाने के लिए मिलकर काम करते हैं।

'Discipline है जहाँ, सफलता है वहाँ' पुस्तक कुछ बातों को हर दिन लागू करने को ध्यान में रखकर लिखी गई है। अमल में लाई जाने वाली युक्तियों और रणनीतियों को व्यावहारिक रूप में लागू किया जाता है। इस पुस्तक की अवधारणा सरल है—युक्तियों को लागू करें और अभ्यास करें। मैं गारंटी देता हूँ कि आप अनुशासन और आत्म-नियंत्रण विकसित कर लेंगे।

यहाँ एक छोटा सा रोडमैप दिया गया है, जिसमें बताया गया है कि 'Discipline है जहाँ, सफलता है वहाँ' में आपको क्या मिलेगा—

भाग-1

हम इसके मुख्य निर्माण खंडों का पता लगाकर आत्म-अनुशासन विकसित करने का आधार तैयार करेंगे। लोगों को अपने जीवन के इस पहलू को सुधारने से रोकनेवाली एक बाधा अभिभूत होने की भावना है। यह भावना इस कारण पैदा होती

है कि हम जानते ही नहीं कि आत्म-अनुशासन क्या होता है!

भाग—'आत्म-अनुशासन के सिद्धांत' में हमने इसकी स्पष्ट परिभाषा दी है और इसके महत्त्व पर चर्चा की है। आप इसे अपने जीवन में कैसे लागू कर सकते हैं, हम इससे संबंधित कई पहलुओं का पता लगाएँगे। जब तक आप भाग को पढ़ना समाप्त करेंगे, तब तक आप ऐसी सारी बातों को जान लेंगे, जिनकी मदद से आप आत्मविश्वास के साथ आत्म-अनुशासन में महारत हासिल करने की ओर बढ़ सकते हैं।

भाग-2

हम सिद्धांत को एक तरफ रख देंगे और उसके स्थान पर काररवाई योग्य कदमों पर ध्यान केंद्रित करेंगे, जिन्हें आप तुरंत उठा सकते हैं। किसी आदत या व्यक्तिगत गुण को विकसित करते समय चरण-दर-चरण कार्ययोजना जितना सहायक और प्रभावी कुछ भी नहीं होता है।

भाग—'आत्म-अनुशासन विकसित करने के 10 कदम' के साथ सबसे महत्त्वपूर्ण सफर शुरू होता है और वास्तविक प्रगति होती है। इस खंड में प्रत्येक कदम को विस्तार से समझाया गया है और उसके बाद एक सरल अभ्यास दिया गया है। अभ्यास दो लक्ष्यों को ध्यान में रखकर तैयार किया गया है—

1. उन अवधारणाओं को दिखाएँ, जो उनसे जुड़े रहते हैं।
2. उन्हें लागू करने और उनमें महारत हासिल करने में आपकी सहायता करें।

एक बार आपने इस भाग को पढ़ लिया तो आपने अपने आवेग नियंत्रण में सुधार करने, प्रलोभनों को 'न' कहने और अपने लक्ष्यों, मूल्यों एवं दृढ़ विश्वासों पर टिके रहने के लिए एक व्यापक व त्वरित प्रोग्राम को पूरा कर लिया होगा।

भाग-3

आत्म-अनुशासन किसी मांसपेशी के जैसा होता है। आप इसका इस्तेमाल रोज करेंगे तो यह ताकतवर होता जाएगा। इस्तेमाल नहीं करेंगे तो यह दुर्बल हो जाएगा। एक बार आप में आत्म-अनुशासन आ गया तो आपको इसका प्रयोग

लगातार कर इसे कमजोर पड़ने नहीं देना है।

भाग—'जीवन भर अनुशासित कैसे रहें' में हम ऐसे कई रास्तों को जानेंगे, जो आपको 'एकदम फिट' रखेंगे। आप उन व्यावहारिक रणनीतियों को जान लेंगे, जिनसे आप यह सुनिश्चित कर पाएँगे कि आपके फैसले और व्यवहार आपके इरादों के अनुरूप हैं या नहीं।

आगे की राह

हम इस सामग्री की सहायता से तेजी से आगे बढ़ने जा रहे हैं। वैसे तो प्रत्येक अवधारणा, युक्ति और रणनीति को विस्तार से समझाया गया है, इसलिए उन बातों पर समय बरबाद नहीं किया जाएगा, जो हमें तत्परता से आगे नहीं बढ़ाती हैं। मेरा लक्ष्य आपको इस पुस्तक के अंत तक यथाशीघ्र पहुँचाने के साथ ही आपको जीवन में काफी आगे ले जाना है।

क्या आप अपनी इच्छाओं और आवेगों पर अधिक नियंत्रण का आनंद लेने के लिए तैयार हैं? क्या आप आलस्य या इस समय अपनी भावनाओं से प्रभावित हुए बिना अपने लक्ष्यों को प्राप्त करने के लिए उत्सुक हैं? आप जब भी कुछ करने का इरादा करते हैं तो क्या उसके बाद उद्देश्यपूर्ण कदम लगातार उठाना चाहेंगे?

यदि ऐसा है तो चलिए, कमर कसते हैं और काम में जुट जाते हैं।

□

भाग-1

आत्म-अनुशासन के सिद्धांत

जीवन में सफलता आमतौर पर इस पर निर्भर करती है कि किसी के पास कितने सारे व्यक्तिगत गुण हैं। एक सफल व्यक्ति को प्रतिभाशाली, प्रेरित और बुद्धिमान माना जाता है। ऐसा माना जाता है कि उसमें सकारात्मक मानसिकता और रणनीतिक जोखिम लेने की इच्छा होती है। जो लोग कम उदार हैं, उनकी राय हो सकती है कि ऐसे व्यक्ति का बस भाग्य अच्छा होता है।

इनमें से जहाँ प्रत्येक तत्त्व की सफलता में भूमिका होती है, वहीं कोई भी ऐसा नहीं, जो आत्म-अनुशासन की जगह ले सके। प्रतिभाशाली व्यक्ति यदि अपनी इच्छाओं पर काबू नहीं पाएँगे और उन कार्यों के प्रति समर्पित नहीं रहेंगे, जो उन्हें करने हैं तो विफल हो जाएँगे। इसी तरह जिन प्रेरित व्यक्तियों में अनुशासन की कमी होती है, वे आमतौर पर अपने लक्ष्य से पीछे रह जाते हैं, क्योंकि प्रेरणा कभी हमेशा नहीं बनी रहती है। न ही बुद्धि अपने आप में पर्याप्त है। केल्विन कूलिज की बात को संक्षेप में कहें तो, दुनिया ऐसे बुद्धिमान लोगों से भरी है, जो कभी सफलता का स्वाद नहीं चख पाते हैं।

और भाग्य? यह निश्चित रूप से एक भूमिका निभाता है और कुछ लोग वास्तव में दूसरों की तुलना में भाग्यशाली होते हैं; लेकिन आत्म-अनुशासन हमेशा भाग्य पर बीस साबित होगा। ऐसे लोग, जिनका भाग्य अच्छा नहीं है, लेकिन वे तब तक डटे रहने को तैयार रहते हैं, जब तक कि उनकी प्रेरणा समाप्त न हो जाए।

उनके सफल होने की संभावना उन भाग्यशाली लोगों की तुलना में अधिक रहती है, जिनमें अनुशासन की कमी होती है। लॉटरी जीतनेवालों की सरसरी समीक्षा से इस चौंकाने वाली वास्तविकता का पता चलता है।[1]

प्रतिभा, प्रेरणा, बुद्धिमत्ता और भाग्य की मदद से आप अपने लक्ष्य हासिल कर सकते हैं; लेकिन इनमें से कोई भी भरोसेमंद नहीं है। अनुशासन की ठोस नींव के बिना सफलता छिटपुट, अल्पकालिक और क्षणभंगुर होगी।

अगले कुछ पृष्ठों में हम स्थापित करेंगे कि आत्म-अनुशासन क्या है और क्या नहीं। आप जानेंगे कि यह उन लक्षणों से कैसे भिन्न और अलग प्रकृति का है, जिन्हें आमतौर पर आत्म-अनुशासन के लक्षण समझा जाता है। हम आत्म-अनुशासन से जुड़े कुछ मिथकों व भ्रांतियों को भी दूर करेंगे और इसे विकसित करते समय आपके सामने आने वाली सबसे बड़ी बाधाओं को दूर करेंगे।

□

1. हेस, ए.जे. (25 अगस्त, 2017), जानिए लॉटरी जीतने वाले क्यों हो जाते हैं कंगाल। सी.एन.बी.सी.। https://www.cnbc.com/2017/08/25/heres-why-lottery-winners-go-broke.html

आत्म-अनुशासन की परिभाषा

~

"अंत में मनुष्य को उसी एकमात्र शक्ति की आकांक्षा करनी चाहिए, जिसका प्रयोग वह अपने ऊपर करता है।"

—एली विजेल

आत्म-अनुशासन की सर्वत्र प्रशंसा की जाती है। मालिक अनुशासित कर्मचारियों की सराहना करते हैं। माता-पिता अनुशासित बच्चों की प्रशंसा करते हैं। खेल-प्रेमी अनुशासित खिलाड़ियों की प्रशंसा करते हैं।

हालाँकि, आत्म-अनुशासन का अर्थ अकसर गलत समझा जाता है। कुछ लोग इसे बहुत संकीर्ण रूप से परिभाषित करते हैं, यह मानते हुए कि इसका संबंध मात्र संयम बरतने से है। कुछ लोग इसका वर्णन बहुत व्यापक रूप से करते हैं। उनका मानना है कि इसमें विपरीत परिस्थितियों को सहने से लेकर जब आप आराम करना चाहते हैं तो 'ऊधम मचाना' तक सबकुछ शामिल है। कुछ लोग इसकी तुलना इच्छा-शक्ति से करते हैं। कुछ लोग सोचते हैं कि यह प्रेरणा के समान है।

इनमें से कई बातें आत्म-अनुशासन में होती हैं, लेकिन इनमें से कोई भी परिभाषा सटीक नहीं बैठती। और यदि हम अनुशासन में महारत हासिल करने की आशा रखते हैं तो हमें इस तरह से परिभाषित करना चाहिए, जो हमारे अनुरूप हो।

पिछले कुछ वर्षों में मैंने इसकी एक मौलिक परिभाषा दी है, जो मेरे लिए

कारगर रही है, और मुझे आशा है कि यह आपके लिए भी होगी। यह रही वह परिभाषा—

"आत्म-अनुशासन हमारे लक्ष्यों, मूल्यों और दृढ़ विश्वासों के अनुसार कार्य करने की इच्छा और क्षमता है, चाहे हम उस समय कैसा भी महसूस क्यों न करें।"

यह एक सहायक आरंभिक बिंदु है। यहाँ से हम इस परिभाषा को व्यावहारिक और लागू करने के अनुसार स्पष्ट कर सकते हैं। हम अस्पष्ट भ्रम में डालने वाली विशेषताओं को नजरअंदाज कर सकते हैं और आत्म-अनुशासन के स्पष्ट पहलुओं पर ध्यान केंद्रित कर सकते हैं, जिनका आपके जीवन पर वास्तविक दुनिया संबंधी प्रभाव पड़ेगा।

आत्म-अनुशासन के लिए आत्म-नियंत्रण आवश्यक है

अकसर 'आत्म-अनुशासन' और 'आत्म-नियंत्रण' शब्दों का इस्तेमाल एक-दूसरे के लिए किया जाता है; लेकिन दोनों एक चीज नहीं हैं और दोनों के बीच अंतर करना आवश्यक है। आत्म-नियंत्रण आत्म-अनुशासन का एक पहलू है। एकदम सरल रूप में समझें तो दोनों एक-दूसरे की छवियाँ हैं।

आत्म-अनुशासन आपको तब भी आगे बढ़ाता रहता है, जब आप रुक जाते हैं। इसके कारण आप तब बिस्तर छोड़ देते हैं, जब आप अपने अलार्म का बटन बंद करना पसंद करते हैं। जब आप बैठकर टेलीविजन देखना पसंद करते हैं, तब यह आपको अपने घर की सफाई के लिए उठा देता है। आप जब हार मानने वाले होते हैं, तब यह आपको एक और बार व्यायाम या सेट को दोहराने का हौसला देता है।

आत्म-नियंत्रण आपको तब रुकने के लिए उत्साहित करता है, जब आप किसी काम को करते रहते हैं। आपको जब पढ़ना चाहिए, तब यह आपसे कहता है कि आप वीडियो गेम खेलना बंद करें। आप जब डाइट पर होते हैं तो यह आपको जंक फूड खाने से रोकता है। यह आपको अपनी जुबान बिल्कुल बंद रखने को कहता है, जब आप किसी से नाराज या निराश होते हैं।

ऐसे काम, जो आपके दूरगामी लक्ष्यों को बाधित करते हैं, उन्हें करते जाने से रुकने के लिए आप में पर्याप्त अनुशासन होना चाहिए।

आत्म-अनुशासन के लिए प्रतिबद्धता की आवश्यकता है

हम सभी विशिष्ट परिणामों की इच्छा रखते हैं। हम अपने कॅरियर में सफल होना चाहते हैं। हम शारीरिक रूप से स्वस्थ रहने की आकांक्षा रखते हैं। हम वित्तीय सुरक्षा चाहते हैं और शायद धन इकट्ठा करने की इच्छा भी रखते हैं। हम नए कौशल सीखना चाहते हैं, फलते-फूलते व्यवसाय शुरू करना चाहते हैं, अच्छे माता-पिता बनना चाहते हैं, अधिक संगठित होना चाहते हैं और दूसरों की प्रशंसा व सम्मान पाना चाहते हैं।

लेकिन लक्ष्य रखना उनके प्रति प्रतिबद्ध होने के समान नहीं है। लक्ष्य रखना आसान है। उन्हें प्राप्त करने के लिए हरसंभव प्रयास करने की प्रतिज्ञा करना और उस प्रतिज्ञा के अनुसार लगातार काररवाई करना कठिन है। यह सफलता और विफलता के बीच का अंतर भी है।

"अधिकांश लोग इच्छा की कमी के कारण नहीं, बल्कि प्रतिबद्धता की कमी के कारण असफल होते हैं।"

—विंस लोंबार्डी

आत्म-अनुशासन विकसित करने और उसे व्यवहार में लाने से पहले आप जो कुछ भी हासिल करना चाहते हैं, उसके लिए आपको प्रतिबद्ध होना पड़ेगा। आपकी प्रतिबद्धता आपको उन गतिविधियों से दूर रहने की ताकत देगी, जो आपके लक्ष्यों को खतरे में डालती हैं (उदाहरण के लिए, डाइटिंग करते समय जंक फूड से परहेज करना)। जब आपको पढ़ाई छोड़ने का मन हो तो यह आपको ऊर्जा और प्रेरणा देगा, ताकि आप पढ़ाई करते रहें (उदाहरण के लिए, जब आपका मन करे कि टेलीविजन के सामने सुस्ता लें, तब आप पढ़ाई जारी रखें)।

आपकी प्रतिबद्धता आपकी आकांक्षाओं का आधार है। आपका आत्म-अनुशासन वह लीवर है, जो उस समय आपकी सहायता करता है, जब अपने सपनों को साकार करते समय आपको विरोध का अनुभव होता है।

आत्म-अनुशासन ही स्वतंत्रता है

मैंने वर्षों पहले लेखक जोको विलिंक को यह कहते सुना था और मैं

आश्चर्यचकित रह गया था। मुझे यह दावा उलटा लगा। वैसे भी आत्म-अनुशासन को व्यवहार में लाते समय संयम और आत्म-नियंत्रण आवश्यक होता है। यह चाहता है कि मन की इच्छा नियंत्रित रहे। आत्म-त्याग की भूमिका आत्म-अनुशासन में प्रमुख होती है, इसलिए यह स्वतंत्रता का विरोधी होता है।

या मैं ऐसा सोचता था।

थोड़ा और चिंतन करने से एक बात सूझी। हालाँकि, ऐसा लगता है कि आत्म-अनुशासन और स्वतंत्रता एक-दूसरे के विरोधी खेमे के हैं, लेकिन वास्तव में वे एक-दूसरे से अलग नहीं थे। प्रत्येक एक-दूसरे से अटूट रूप से जुड़ा हुआ था। एक बार जब मैंने उनके रिश्ते को पहचान लिया तो मैंने विलिंक के दावे को एक नई रोशनी में देखा।

अपनी मनमानियों को संतुष्ट करना स्वतंत्रता जैसा महसूस हो सकता है, लेकिन यह आत्म-कारावास का एक रूप है। आप अपने व्यवहार एवं निर्णयों पर नियंत्रण छोड़ देते हैं और आपकी इच्छा फैसला करती है। आप अपने लक्ष्यों, मूल्यों और दृढ़ विश्वासों के अनुसार कार्य करने की क्षमता तथा इच्छा खो देते हैं। जब आप लगातार अपनी मजबूरियों के आगे झुकते हैं तो आप स्वयं को गुलाम बना लेते हैं। आप अपने आग्रहों को अपने आचरण पर हावी होने देते हैं और अपने संकल्प को नष्ट कर देते हैं।

आत्म-अनुशासन को अपनाने से आप अपनी दीर्घकालिक महत्त्वाकांक्षाओं और आकांक्षाओं को पूरा करने के लिए मुक्त हो जाते हैं। अब आपकी क्षणिक इच्छाएँ आप पर नियंत्रण नहीं रखती हैं। इसके बजाय आपको वह रास्ता चुनने और उस पर चलने की स्वतंत्रता मिलती है, जो आपके लक्ष्यों को पूरा करने में सहायक होगा।

आत्म-अनुशासन के दैनिक उदाहरण

अब, जबकि हमने आत्म-अनुशासन को परिभाषित कर लिया है तो आइए, कुछ व्यावहारिक उदाहरण देखें। इस बात की बहुत अधिक संभावना है कि आप अपने जीवन के कई क्षेत्रों में पहले से ही अनुशासित होंगे। यह बहुत अच्छी खबर है, क्योंकि इससे पता चलता है कि आपके पास पहले से ही वह है, जो आवश्यक है। आप अपने जीवन के एक क्षेत्र में नियंत्रण स्थापित करने के लिए जो कुछ भी करते

हैं, उसे आप अन्य क्षेत्रों पर नियंत्रण स्थापित करने के लिए मॉडल बना सकते हैं।

लेकिन हम उस पर बाद में विचार करेंगे। फिलहाल यहाँ आत्म-अनुशासन के क्रियात्मक रूप में दिखने वाले कुछ उदाहरण दिए जा रहे हैं। आप शायद पहले से ही उनमें से कुछ का प्रयोग कर रहे होंगे या पहले भी ऐसा कर चुके होंगे।

- काम पर सही समय पर जाने के लिए हर दिन जल्दी उठना।
- परीक्षाओं में अच्छा प्रदर्शन करने के लिए उनकी तैयारी करना।
- बिक्री बढ़ाने और कारोबार में आगे बढ़ने के लिए ग्राहकों को फोन करना।
- अपने घर को साफ-सुथरा रखने के लिए हर हफ्ते सफाई करना।
- फिट रहने के लिए रोजाना व्यायाम करना।
- कुछ ऐसा कहने से बचने के लिए अपनी जुबान पर काबू रखना, जिसके लिए आपको बाद में पछताना पड़े (इसमें सोशल मीडिया भी शामिल है)।
- वजन कम करने के लिए जंक फूड से परहेज करना।
- हर दिन काम समाप्त होने पर अपनी मेज को व्यवस्थित करना।
- छुट्टियों के लिए हर महीने पैसे बचाना।
- ध्यान भटकने से बचने के लिए काम करते समय अपना फोन बंद रखना।
- दोस्तों से संपर्क में रहकर उन रिश्तों को बनाए रखना।
- स्वस्थ रहने और आकर्षक दिखने के लिए व्यक्तिगत स्वच्छता पर ध्यान देना।
- दूसरों के प्रति सम्मान दिखाने के लिए समय पर रहना।
- अपना तनाव कम करने और एकाग्रता बढ़ाने के लिए ध्यान लगाना।
- अपने कॅरियर को आगे बढ़ाने के लिए तय समय-सीमा में काम पूरा करना।
- यह दिखाने के लिए कि आप भरोसेमंद हैं, अपने वादों को पूरा करना।
- अपने जीवन की गुणवत्ता में सुधार के लिए नई आदतें विकसित करना।
- तरोताजा और रचनात्मक बने रहने के लिए नियमित ब्रेक लेना।
- अपना ज्ञान बढ़ाने और अपनी मानसिकता को सही बनाए रखने के लिए आत्म-सुधार वाली पुस्तकें पढ़ना।

आप निस्संदेह आत्म-अनुशासन का अभ्यास कर रहे हैं, भले ही आप कामकाज में इतने नियमित हो गए हैं कि आपको इसका एहसास ही नहीं होता। इस तथ्य को पहचानना महत्त्वपूर्ण है, क्योंकि यह आपके जीवन के हर पहलू में अनुशासित बनने के लिए आपकी प्रेरणा को बढ़ावा देगा। यह दरशाता है कि आत्म-अनुशासन असंभव नहीं है। इसके विपरीत, आपने इसे पहले ही हासिल कर लिया है। अब विषय यह रह गया कि इसे अन्य क्षेत्रों में कैसे विकसित और लागू करें!

□

आत्म-अनुशासन महत्त्वपूर्ण क्यों है

~

"आत्म-सम्मान में मुख्य तत्त्व है आत्म-नियंत्रण और साहस में मुख्य तत्त्व है आत्म-सम्मान।"

—थ्यूसीडाइड्स

पिछले भाग में, हमने इस विचार पर प्रकाश डाला था कि अनुशासन ही स्वतंत्रता है। हमने चर्चा की कि कैसे अपने आवेगों को नियंत्रित करने और संयम को व्यवहार में लाने से आपको अपनी आकांक्षाओं को प्राप्त करने में मदद मिल सकती है। ऐसा करने से आप जो कुछ भी करने निकले हैं, उसे पूरा करते समय आप अपने मूल्यों और दृढ़ विश्वासों के अनुसार आचरण कर सकते हैं।

लेकिन वहाँ हमने इस विषय को मोटे तौर पर देखा था। यहाँ हम इसकी गहराई में उतरेंगे। मैं आपको दिखाऊँगा कि कैसे अनुशासन का प्रयोग आपके जीवन के महत्त्वपूर्ण क्षेत्रों को सकारात्मक रूप से प्रभावित करेगा।

यह पहचानना आवश्यक है कि आत्म-नियंत्रण लाभप्रद है। और फिर, लगभग सभी लोग इस तथ्य को स्वीकार करते हैं, लेकिन यह समझना भी महत्त्वपूर्ण है कि इसे विकसित करने और बनाए रखने के लिए समय व प्रयास की आवश्यकता होती है। इसलिए यह समझ लेना उचित होगा कि आप इसमें अपना समय व प्रयास क्यों लगाएँ।

आदत विकसित करना और आदत में व्यवधान

नई आदतें बनाना आसान नहीं होता। ऐसा करने में आमतौर पर इस तरह से कार्य करना शामिल होता है, जो आपके रोजमर्रा के व्यवहार और दिनचर्या के विपरीत होता है। बात इसकी नहीं कि जिन व्यवहारों की चर्चा हो रही है, वे परिचित हैं या अपरिचित। उन्हें अपने व्यवहार में शामिल करने और लंबे समय तक उन पर टिके रहने के लिए काम करना पड़ता है। यह गहराई से हमारे भीतर रचे-बसे ढर्रे से टकराता है।

पुरानी आदतों को तोड़ना भी उतना ही चुनौतीपूर्ण होता है। परिचित दिनचर्या का अभ्यास करने से आपके मस्तिष्क में डोपामाइन रिलीज होता है। डोपामाइन एक शक्तिशाली न्यूरोट्रांसमीटर है, जो प्रसन्नता और संतुष्टि की भावना उत्पन्न करता है। स्पष्ट है कि आप बार-बार चाहेंगे कि ऐसी भावना उत्पन्न हो। यह वह इंजन है, जो बाध्यकारी व्यवहार को संचालित करता है। यही कारण है कि इन व्यवहारों को बाधित करना इतना कठिन होता है।

नई आदतें बनाने और पुरानी आदतें छोड़ने में आत्म-अनुशासन की भूमिका महत्त्वपूर्ण है। यह आपको शक्ति देता है, जिससे आप जानी-पहचानी तीव्र इच्छाओं और आवेगों से विचलित हुए बिना कार्य करते हैं।

कदम उठाना

किसी भी काम को पूरा करने के लिए कदम उठाना आवश्यक होता है। किसी भी लक्ष्य की प्राप्ति उस दिशा में कुछ उद्देश्यपूर्ण किए बिना नहीं हो सकती है। यही कारण है कि टाल-मटोल करना समस्याजनक होता है। निष्क्रियता इसका अभिन्न अंग है, जिसके लिए कुछ भी करना नहीं होता। किसी काम को टालने के लिए शून्य प्रयास की आवश्यकता होती है।

आप अनगिनत कारणों से कदम उठाने में विफल हो सकते हैं, जिनमें से कई का आलस्य से कोई लेना-देना नहीं होता। लेकिन कारण चाहे जो भी हो, इसका उपाय एक ही है—आत्म-अनुशासन। अनुशासन आपको अपनी योजनाओं, इरादों और आशाजनक विचारों का पालन उस समय करने में मदद करेगा, जब आप उन्हें टालने (या उन्हें पूरी तरह से त्यागने) के लिए मजबूर महसूस करेंगे।

लक्ष्य की प्राप्ति

बचपन के दौरान बड़े लोग आपको काम करने के लिए बाध्य करते हैं। आपके माता-पिता आपको पढ़ाई करने, अच्छा खाने और पर्याप्त नींद लेने के लिए कहते हैं। आपके शिक्षक आपको कुछ अच्छी पुस्तकें पढ़ने और पाठ्यक्रम की खास बातों में दक्ष हो जाने की प्रेरणा देते हैं। आपके प्रशिक्षक आपको प्रेरित करते हैं कि आप अपने चुने गए खेल से जुड़े चुनिंदा अभ्यास करें।

यह 'दबाव' कुछ मामलों में वयस्क होने के बाद भी जारी रहता है। उदाहरण के लिए, आपका बॉस आपसे अपनी नौकरी से जुड़े कामों को पूरा करने के लिए कहता है। कानून लागू करने वाले अधिकारी आपसे स्थानीय कानूनों और अध्यादेशों के अनुरूप होने की अपेक्षा करते हैं।

लेकिन जब व्यक्तिगत लक्ष्यों को प्राप्त करने की बात आती है, तो ऐसा कोई बाहरी दबाव मौजूद नहीं होता। कोई भी आपको अपनी आकांक्षाओं पर चलने के लिए मजबूर नहीं करेगा। आपको कुछ हासिल करने के लिए खुद पर भरोसा करना होगा (उदाहरण के लिए—फिट होना, किसी अन्य भाषा को सीखना, उपन्यास लिखना आदि)।

इसका अर्थ है, अभी आपकी जो पसंद-नापसंद हैं, उनसे बाहर निकलने के लिए आपको पर्याप्त अनुशासित होना पड़ेगा। आज के समय के पूर्वग्रह भविष्य के लाभ पर अभी के लाभ को प्राथमिकता देते हैं (उदाहरण के लिए, स्वस्थ आहार पर टिके रहने के बजाय डोनट खाना)। यह हमेशा लक्ष्य-प्राप्ति की राह में मुश्किलें खड़ी करता है। यह आपको प्रेरित करता है कि आप अपने लक्ष्यों को टालकर तत्काल संतुष्टि प्राप्त कर लें।

इसका विरोध करने के लिए आत्म-अनुशासन आवश्यक है।

आत्मविश्वास और शिष्टता

आत्मविश्वास और शिष्टता काफी हद तक व्यक्तिगत उपलब्धि से उत्पन्न होती है। जब आप अपने लिए कोई महत्त्वपूर्ण कार्य पूरा करते हैं तो आप सशक्त महसूस करते हैं। आपको लगता है कि आप परिणामों को नियंत्रित कर सकते हैं, खासकर जब वे आपकी इच्छाओं से संबंधित हों। कुछ उदाहरण इस प्रकार हैं—

- अपने रोजाना के तय काम को पूरा करना।

- किसी ऐसे व्यक्ति से डेट पर जाने का आग्रह करना, जिसे आप पसंद करते हों।
- अपने गिटार पर एक नया गाना बजाना सीखना।
- एक निश्चित मात्रा में वजन कम करना।
- किसी परीक्षा में शानदार अंक हासिल करना।

इन चीजों को पूरा करने से आपका आत्मविश्वास बढ़ता है और तनाव के समय में आपकी मानसिक उपस्थिति में सुधार होता है। यह आपको तय कार्यों को पूरा करने की आपकी क्षमता और आत्म-आश्वासन पर गर्व का अनुभव कराता है कि आप आवश्यकता पड़ने पर शांत, संयमित एवं प्रभावी रह सकते हैं।

लेकिन ऐसा हो, उससे पहले आपके पास चीजों को सबसे पहले पूरा करने के लिए आवश्यक आत्म-अनुशासन होना चाहिए।

रिश्ते

आपके रिश्ते आपके निर्णयों और व्यवहारों के आधार पर पनपते या बिगड़ते हैं। दूसरों के साथ सम्मानपूर्वक व्यवहार करना, सहानुभूतिपूर्वक संवाद करना और करुणा दिखाना उनके साथ आपके बंधन को मजबूत करता है। इसके विपरीत, उनका भरोसा तोड़ना, ढंग से बातचीत न करना तथा उदासीनता या संवेदनहीनता दिखाना बंधन को कमजोर करता है और उनके साथ आपकी जो अंतरंगता है, उसे समाप्त कर देता है।

सफल रिश्तों को विकसित करने और आगे बढ़ाने में आत्म-अनुशासन महत्त्वपूर्ण भूमिका निभाता है। यह आपको उन तरीकों से मनमाने ढंग से काम करने से रोकता है, जो दूसरों को ठेस पहुँचाते हैं या चोट पहुँचाते हैं (उदाहरण के लिए, अपने जीवनसाथी को धोखा देना)। यह आपको अपनी भावनाओं को नियंत्रित करने में मदद करता है और जब दूसरे आपको निराश करते हैं तो आप उन पर भड़कने से बचते हैं (उदाहरण के लिए, जब कोई दोस्त अंतिम समय में योजना रद्द कर देता है तो गुस्से में जवाब देना)। आत्म-अनुशासन आपको शांत रहने और झगड़ों को फलप्रद तथा स्वस्थ तरीके से हल करने की सूझ-बूझ देता है (उदाहरण के लिए, आपके और एक गुस्साए सहकर्मी के बीच तनाव को कम करना)।

आत्म-अनुशासन सद्भाव पैदा करता है, जबकि आवेग अकसर संघर्ष की ओर ले जाता है।

कॅरियर का विकास

ऑफिस की राजनीति को एक तरफ रख दें तो कॅरियर में तरक्की का आपका रास्ता आपके कौशल, निर्णय, आचरण और लचीलेपन से तय होता है। आप यदि इन क्षेत्रों में अच्छा प्रदर्शन करेंगे तो आपका कॅरियर बेहतर होगा और भविष्य में सफलता की संभावनाएँ बढ़ेंगी। खराब प्रदर्शन करेंगे तो आपका कॅरियर खत्म हो जाएगा और आपकी संभावनाएँ सिमट जाएँगी।

आपका दीर्घकालिक प्रदर्शन काफी हद तक इस पर निर्भर करेगा कि आप आत्म-अनुशासन का प्रयोग कहाँ तक करते हैं। आपका अनुशासन आपको अच्छे निर्णय लेने, उत्पादक ढंग से काम करने और समय-सीमा को पूरा करने में मदद करेगा। जैसा कि ऊपर उल्लेख किया गया है, यह आपको अपने मालिकों सहित असहयोगी सहकर्मियों के साथ सामंजस्यपूर्ण ढंग से काम करने के योग्य बनाएगा। आपका अनुशासन आपको अपने आसपास के भटकावों को अनदेखा करते हुए ध्यान केंद्रित करने में मदद करेगा। यह आपको उच्च गुणवत्ता वाला काम करने के लिए प्रोत्साहित करेगा, जब आपका मनमौजी स्वभाव काम में कंजूसी करना चाहेगा।

क्या आप आत्म-अनुशासन के बिना एक सफल कॅरियर बना सकते हैं? शायद, लेकिन हालात आपके खिलाफ होंगे। जब आप आत्म-अनुशासन विकसित कर लेते हैं तो आप बाधाओं को अपने पक्ष में कर लेते हैं।

लचीलापन

जीवन चुनौतीपूर्ण है। हालाँकि, सूझ-बूझ से बनाई गई योजना और अच्छे निर्णय जहाँ आपको जीवन के कुछ संघर्षों से बचा सकते हैं, वहीं आपके लिए उन सभी से बचना संभव नहीं है। आप उन सबके लिए योजना नहीं बना सकते। जैसा कि पुराने दार्शनिक जानते थे, आप केवल विफलता, प्रतिकूल परिस्थितियों और असफलताओं के प्रति अपनी प्रतिक्रिया को नियंत्रित कर सकते हैं।

लचीलापन, चीजें गलत होने पर वापसी करने की आपकी क्षमता है। यह एक आंतरिक शक्ति है, जो आपको जीवन के द्वारा आप पर थोपे गए तनाव और दबाव को सहने में मदद करती है। यह एक मूलभूत कठोरता है, जो आपको अपनी राह पर अडिग रहने और जब आप हार मानने वाले हों, तब भी आगे बढ़ते रहने की प्रेरणा

देता है। यह आपको आपकी सीमाओं की परवाह किए बिना उत्कृष्टता प्राप्त करने के लिए प्रोत्साहित करता है।

लचीलेपन के लिए आत्म-अनुशासन होना आवश्यक है। लचीला बनने के लिए आपको अपने आवेगों से लड़ना होगा, अपनी भावनाओं को रोकना होगा और अपनी सीमाओं को बनाए रखना होगा। तभी आप सही मायने में जीवन की चुनौतियों का सामना करने और उनसे पार पाने के योग्य बनेंगे।

'स्पिलओवर' प्रभाव

यह एक ऐसी घटना है, जिसे आमतौर पर अर्थशास्त्र के संदर्भ में देखा जाता है। यह बताता है कि किस प्रकार किसी एक क्षेत्र की घटना का प्रभाव दूसरे क्षेत्र में पड़ता है। उदाहरण के लिए, जब सन् 2008 में अमेरिका ने चीन पर आयात शुल्क लगाया तो इससे एक व्यापार युद्ध शुरू हो गया, जिसने अन्य देशों से अमेरिकी आयात को प्रभावित किया।

यह घटना तब भी घटित होती है, जब आप आत्म-अनुशासन विकसित करते हैं। जैसे-जैसे आप आत्म-नियंत्रण विकसित करते हैं, आप देखेंगे कि इसका 'स्पिलओवर' प्रभाव आपके जीवन के अन्य क्षेत्रों में भी हो रहा है। उदाहरण के लिए, स्वस्थ आहार लेने के आपके निर्णय से आपको खाना बनाना सीखने की प्रेरणा मिलेगी। दैनिक व्यायाम का पालन करने से आप जंक फूड से बचने के लिए प्रोत्साहित होंगे। कम आवेगी बनने से आपके रिश्ते बेहतर होंगे, आपकी वित्तीय स्थिति में सुधार होगा और आपका आत्मविश्वास बढ़ेगा।

आत्म-अनुशासन आपका गुप्त हथियार है

वैसे तो इसकी सराहना सभी करते हैं, लेकिन कुछ ही लोगों में आत्म-अनुशासन होता है। कुछ ही लोग इसे विकसित करने के लिए समय लगाते हैं और कड़ी मेहनत करते हैं। इसकी आवश्यकता नहीं कि मैं आपको यह बात समझाऊँ। इसके प्रमाण सर्वत्र दिख जाते हैं।

वाहन चलाने वाले अकसर छोटी-छोटी बातों पर गुस्सा जाहिर करते हैं। पति-पत्नी आमतौर पर सार्वजनिक रूप से एक-दूसरे पर और अपने बच्चों पर

चिल्लाते हैं। छात्र परीक्षा के लिए पढ़ाई में लापरवाही बरतते हैं। कर्मचारी पीठ पीछे एक-दूसरे के बारे में बातें करते हैं। इस बीच, विकसित देशों में मोटापे की दर में वृद्धि जारी है।

आत्म-अनुशासन आपको एक कदम आगे रखता है। यह आपको उन छोटी-मोटी बकवासों से बचाता है, जिनमें दूसरे लोग उलझ जाते हैं। यह आपको शांति के माहौल के साथ तनावपूर्ण स्थितियों को सहज करने की क्षमता देता है। यह आपको अंतहीन भटकावों में फँसने के बजाय उस पर ध्यान केंद्रित करने में मदद करता है, जिसकी आपको आवश्यकता है और जो आप करना चाहते हैं।

जीवन के हर क्षेत्र में सफलता प्राप्त करने के लिए आत्म-अनुशासन आपका गुप्त हथियार है। लेकिन इसे विकसित करना है तो आपको तैयार रहना होगा कि आप इतनी जल्दी संतुष्ट न हों।

आत्म-अनुशासन और संतुष्टि में देरी

"किसी आवेग को किसी मूल्य के अधीन लाने की क्षमता ही सक्रिय व्यक्ति का सार है।"

—स्टीफन आर. कोवे

यदि हमें विकल्प मिले तो हम भविष्य के बजाय अभी किसी पुरस्कार का आनंद लेना पसंद करते हैं। पुरस्कार हमें कब मिलता है, इसे देखते हुए हम उसका मूल्य कम करने के लिए भी तैयार रहते हैं। अर्थशास्त्री इसे समय की प्राथमिकता कहते हैं। जो लोग आज और अभी लाभ उठाने को प्राथमिकता देते हैं, वे तुरंत आनंद उठाने के लिए मूल्य में अधिक कटौती करने को तैयार रहते हैं।

उदाहरण के लिए, मान लीजिए कि कोई आपको 30 दिनों में 100 डॉलर देने की पेशकश करता है। आपके पास यह विकल्प भी है कि अभी आप कम राशि ले सकते हैं। अगर आप बिल्कुल भी इंतजार नहीं करना चाहते हैं तो आप आज भारी कटौती कर 5 डॉलर को स्वीकार कर सकते हैं। यदि आप इंतजार करने को तैयार हैं तो आप आज 75 डॉलर से कम पर तैयार नहीं होंगे। अन्यथा आप 30 दिन बाद पूरी राशि लेने की बात कहेंगे।

यदि आप अधिक समय तक प्रतीक्षा करने का विकल्प चुनते हैं तो संतुष्टि में

विलंब होने की परवाह नहीं करते, ताकि भविष्य में अधिक पुरस्कारों का आनंद ले सकें। यह आत्म-अनुशासन का मूल सिद्धांत है। अफसोस की बात है कि हम में से अधिकांश इसे आसानी से समझ नहीं पाते। जब किसी भी प्रकार के आनंद की बात आती है तो हम अधीर हो जाते हैं।

लेकिन हम यदि अपने आप को प्रतीक्षा करने के लिए प्रशिक्षित कर लें तो हमें संयम का कई प्रकार से लाभ मिलेगा। हम अपने दीर्घकालिक लक्ष्यों और आकांक्षाओं को प्राप्त करने की दिशा में अधिक उद्‌देश्य के साथ कार्य करने लग जाते हैं।

विलंबित संतुष्टि 101

संतुष्टि में विलंब करने का अर्थ है—वर्तमान के उन आकर्षणों से इस उम्मीद के साथ बचना कि ऐसा करने से आपको भविष्य में वह मिलेगा, जो आप चाहते हैं। तत्काल संतुष्टि को छोड़ने की इस तत्परता की हमेशा एक कीमत होती है—अभी आपको कुछ छोड़ना ही पड़ेगा, तभी आपको बाद में कुछ अच्छा मिलेगा।

कभी-कभी भविष्य का पुरस्कार आपको अधिक खुशी या पूर्ति का अनुभव कराएगा। उदाहरण के लिए, अभी जंक फूड खाने का लालच होता है; लेकिन फिट रहने से आपको नींद अच्छी आएगी, तनाव कम होगा और आपका मन प्रसन्न रहेगा। यदि आप एक एथलीट हैं तो वर्कआउट को छोड़ने का लालच हो सकता है; लेकिन उसे करने से आपका आगे का प्रदर्शन बेहतर होगा।

कभी-कभी भविष्य का इनाम यही होता है कि आप किसी अप्रिय चीज से बच जाते हैं। उदाहरण के लिए, आप किसी अवैध पदार्थ को आजमाने के लालच में आ सकते हैं या आप पर दबाव डाला जा सकता है। संयम को अपनाकर आप व्यसन से बच सकते हैं। आप किसी ऐसे सहकर्मी के साथ अनैतिक काम करने के लालच में आ सकते हैं, जो इश्कबाजी की बातें कर खुश करने में जुटा हो। अगर आप ऐसा करने से बच गए तो ब्रेकअप की स्थिति में पेशेवर परिणामों (जैसे—ऑफिस की अफवाहों, उत्पीड़न, नौकरी छिन जाने आदि) से बच सकेंगे।

संतुष्टि में देरी का प्रयोग हमेशा किसी लक्ष्य को ध्यान में रखकर किया जाता है। यहाँ स्पष्टता और विशिष्टता मायने रखती है। आपका लक्ष्य जितना सटीक होगा, आप प्रलोभनों का विरोध करने में उतनी ही आसानी से सक्षम होंगे।

स्टैनफोर्ड मार्शमैलो टेस्ट

सन् 1972 के प्रसिद्ध स्टैनफोर्ड मार्शमैलो टेस्ट[2] ने इस बारे में बताया कि बच्चों को परिणाम पाने में देरी क्यों होती है, और इस क्षमता को बाद की सफलता से जोड़ा। दर्जनों बच्चों को एक मार्शमैलो एक विकल्प के साथ दिया गया—वे उसे तुरंत खा सकते थे या 15 मिनट तक अपने लालच को काबू में रख सके तो उन्हें इनाम के रूप में दूसरा मार्शमैलो दिया जाएगा।

शोधकर्ताओं ने पाया कि जब बच्चों का ध्यान उस इनाम से भटकाया जाता था, तब वे प्रतीक्षा करने के लिए अधिक इच्छुक होते थे। इसके विपरीत, बच्चे इनाम के बारे में जितना अधिक सोचते थे, इंतजार करने की इच्छा उनमें उतनी ही कम हो जाती थी। शोधकर्ताओं ने अगले 40 वर्षों के दौरान उन अध्ययन प्रतिभागियों के बारे में पता लगाया। उन्होंने पाया कि संतुष्टि में देरी करने की प्रारंभिक क्षमता बाद में सफलता के कई संकेतकों (बेहतर शैक्षणिक प्रदर्शन, तनाव से निपटने की अधिक क्षमता आदि) से जुड़ी थी।[3]

ये जानकारियाँ बहुमूल्य थीं। हालाँकि, जब तक आगे के अध्ययन नहीं किए गए, तब तक शोधकर्ताओं को पता नहीं चला कि कई बच्चों को संतुष्टि में देरी करने में कठिनाई क्यों हो रही थी। इनाम के बारे में सोचना केवल एक कारक था, न कि सबसे प्रभावशाली पहलू।

संतुष्टि में देरी करना क्यों कठिन होता है

यह भरोसे की बात थी।

सन् 2012 में रोचेस्टर विश्वविद्यालय के शोधकर्ताओं ने अगला मार्शमैलो परीक्षण किया।[4] वे यह समझना चाहते थे कि पुरस्कारों में देरी करने की बच्चों की इच्छा में अनिश्चितता ने कितनी बड़ी भूमिका निभाई।

---

2. मिशेल, डब्ल्यू. और एबेसेन, ई.बी. (1970)। संतुष्टि में देरी पर ध्यान, जर्नल ऑफ पर्सनैलिटी एंड सोशल साइकोलॉजी, 16(2), 329-37
3. मिशेल, डब्ल्यू., शोडा, वाई. और रोड्रिग्ज, एम. (1989 बी)। बच्चों में संतुष्टि में देरी, विज्ञान, 244(4907), 933-38
4. किड, सी.; पामेरी, एच. और एसलिन, आर.एन. (2013)। रेशनल स्नैकिंग—मार्शमैलो टास्क पर छोटे बच्चों का निर्णय पर्यावरणीय विश्वसनीयता के बारे में विश्वासों द्वारा नियंत्रित होता है। कॉग्निशन, 126(1) 109-14

शोधकर्ताओं ने 28 बच्चों को दो समूहों में विभाजित किया। बच्चों को मार्शमैलो मिलने से पहले दोनों समूहों से एक वादा किया गया था। शोधकर्ताओं ने पहले समूह से अपना वादा तोड़ दिया और दूसरे समूह के साथ वादा निभा दिया। इसके बाद बच्चों को मार्शमैलो दिए गए और उन्हें वर्ष 1972 के स्टैनफोर्ड स्टडी के समान विकल्प दिया गया था—तुरंत मार्शमैलो खाएँ या प्रतीक्षा करें और दूसरा प्राप्त करें।

शोधकर्ताओं ने पाया कि पहले समूह के बच्चों ने मार्शमैलो खाने से पहले औसतन 3 मिनट और 2 सेकंड तक इंतजार किया। दूसरे समूह के बच्चों ने चार गुना अधिक समय (12 मिनट और 2 सेकंड) इंतजार किया। शोधकर्ताओं ने अनुमान लगाया कि पहला समूह इंतजार करने के लिए कम इच्छुक था, क्योंकि उन्हें भरोसा नहीं था कि उन्हें दूसरा मार्शमैलो मिलेगा। पहले से तोड़े गए वादे के कारण उन्हें संदेह हो गया कि उन्हें उनके संयम का इनाम दिया जाएगा।

इस परीक्षण ने इस बात की अधिक जानकारी दी कि लोगों को संतुष्टि में देरी करना क्यों मुश्किल लगता है। जब आप अनिश्चित होते हैं कि वर्तमान में आत्म-नियंत्रण का अभ्यास भविष्य में उससे जुड़ा पुरस्कार देगा या नहीं, तो आपके प्रलोभनों का विरोध करने और खुद को नकारने की संभावना कम होती है।

उदाहरण के लिए, मान लीजिए कि आप शरीर को सही आकार में लाना चाहते हैं। यदि आपको संदेह है कि आप इस लक्ष्य को प्राप्त कर पाएँगे तो वर्तमान में आपके जंक फूड खाने की अधिक संभावना रहेगी। या मान लें कि आपको किसी परीक्षा के लिए पढ़ने की आवश्यकता है। यदि आपको संदेह है कि पढ़ाई से आपके ग्रेड पर असर पड़ेगा तो इस बात की अधिक आशंका है कि आप पढ़ाई छोड़ देंगे और दोस्तों के साथ मिलने-जुलने के आयोजन में भाग लेंगे।

इच्छा पर नियंत्रण का प्रयोग करने के सामने सबसे बड़ी चुनौती है अनिश्चितता। अच्छी खबर यह है कि इससे पता चलता है कि आप इसमें कैसे बेहतर हो सकते हैं।

संतुष्टि में देरी को बेहतर बनाने के तुरंत के तीन उपाय

संतुष्टि में देरी करने की क्षमता किसी मांसपेशी की तरह होती है। आप इसका जितना अधिक उपयोग करेंगे, यह उतनी ही मजबूत होती जाएगी। इस मांसपेशी को आवश्यक कसरत देने के तीन तरीके यहाँ दिए गए हैं। इन्हें नियमित रूप से करें और आपके लिए नियंत्रण बनाए रखना आसान हो जाएगा।

1. छोटे-छोटे प्रलोभनों से बचने के साथ शुरुआत करें

आप अपने शरीर के मध्य भाग (श्रोणि, पेट आदि) को मजबूत करने के लिए क्रंचेज करेंगे, लेकिन आप प्रतिदिन 50 क्रंचेज के दस सेट से शुरुआत नहीं करेंगे। आप छोटी शुरुआत करेंगे—उदाहरण के लिए, 10 क्रंचेज के तीन सेट—और जैसे-जैसे आपका मध्य भाग मजबूत होता जाएगा, इसे बढ़ाते जाएँगे।

संतुष्टि में देरी करने को लेकर यही सोच रखें। शुरुआत में छोटे-छोटे प्रलोभनों का विरोध करने पर काम करें। जैसे-जैसे आपकी क्षमता बढ़ती है, वैसे-वैसे आगे बढ़ें।

उदाहरण के लिए, मान लें कि आपको चीनी की लत है। अगले छह महीनों तक चीनी से परहेज करने के बजाय अगले 24 घंटों तक चीनी से परहेज करने का संकल्प लें। एक बार जब आप इसे सफलतापूर्वक करने में सक्षम हो जाएँ तो अगला लक्ष्य तय करें। अगले 72 घंटों तक चीनी से परहेज करने का संकल्प लें। जैसे-जैसे आपकी विलंबित संतुष्टि 'मांसपेशियाँ' मजबूत होती हैं, लक्ष्य को आगे बढ़ाते जाएँ।

2. प्रलोभन की कीमत को जानें

हर प्रलोभन की एक कीमत चुकानी पड़ती है। इस कीमत को नजरअंदाज करना स्वाभाविक है, क्योंकि तत्काल सुख का वादा इसे धुँधला कर देता है। यह बात विशेष रूप से भविष्य में अधिक दूर की लागत को लेकर सच है। इनाम भविष्य में जितना दूर होगा, वर्तमान में इच्छा पर नियंत्रण रखना उतना ही कठिन होगा।

उदाहरण के लिए, मान लें कि आप नियमित रूप से जंक फूड खाते हैं। आपके स्वास्थ्य को तत्काल इसकी कीमत नहीं चुकानी पड़ रही है। यह कुछ ऐसा है, जिसके लिए आपको भविष्य में भुगतान करना होगा। यह सच्चाई आपके पसंदीदा व्यंजनों के आकर्षण का विरोध करना कठिन बना देता है। इसके बजाय आपका ध्यान उस आनंद पर लगा है, जिसका अनुभव आप उस क्षण कर रहे हैं।

आप खुद को याद दिलाएँ कि जिस प्रलोभन से आप लड़ रहे हैं, उससे जुड़ी कीमत क्या है! हमारे उदाहरण में इसमें मधुमेह, हृदय रोग, उच्च रक्तचाप और मोटापा शामिल हो सकते हैं। जब आप उस कीमत के बारे में सोचते हैं, जो आपको तत्काल लालसा को संतुष्ट करने के लिए चुकानी होगी, तो आप उस इच्छा का विरोध करने के लिए अधिक इच्छुक होंगे।

3. लक्ष्य को लक्ष्य से जोड़ें

वर्ष 2012 के अध्ययन को याद करें, जिसमें पता चला था कि जिन बच्चों को अपने वर्तमान संयम के लिए भविष्य में पुरस्कार मिलने के बारे में संदेह था, उनके इंतजार करने की संभावना कम थी। इसमें विश्वास ने अहम भूमिका निभाई थी। वे भविष्य के बारे में जितने अधिक अनिश्चित थे (यानी दूसरा मार्शमैलो प्राप्त करना), उतनी ही कम संभावना थी कि वे संयम दिखाएँगे (यानी पहले मार्शमैलो खाने की इच्छा का विरोध करेंगे)।

यह प्रतिक्रिया बच्चों तक ही सीमित नहीं है। लालसा को संतुष्ट करना है या विरोध करना है, इसका निर्णय लेते समय वयस्क भी उसी तरह निर्णय लेते हैं। उदाहरण के लिए, यदि आप आश्वस्त हैं कि अर्थव्यवस्था ढहने वाली है तो आप पैसे बचाने के लिए कम इच्छुक होंगे। इसे खर्च करने के बजाय आप उसे खर्च करना पसंद करेंगे। यदि आपको लगता है कि आप कभी भी शरीर को सही आकार नहीं दे पाएँगे तो आप उस मीठे व्यंजन को खाने के लिए अधिक इच्छुक होंगे, जो आप चाहते हैं।

इस प्रतिक्रिया को कैसे रोकना है, हम आपको बताते हैं—प्रत्येक लक्ष्य के साथ लक्ष्यों को जोड़ें।

उदाहरण के लिए, सिर्फ 'पैसे बचाएँ' नहीं। इसके बजाय, '1 जुलाई तक 5,000 डॉलर' बचाने के लिए प्रतिबद्ध रहें। यह धनराशि और तारीख आपको लक्ष्य के लिए कुछ विशिष्ट जानकारी देती है। केवल 'आकार में आने' की आकांक्षा न रखें। इसके बजाय '1 जुलाई तक 15 पाउंड वजन कम करने और शरीर में वसा का 20 प्रतिशत प्राप्त करने' के लिए प्रतिबद्ध रहें। फिर, यहाँ से अगले लक्ष्य पर निशाना साधने से रास्ता खुल जाता है।

अगली बार जब आप किसी ऐसी चीज की लालसा करेंगे, जो आपके किसी लक्ष्य से टकराती हो तो आपके लिए प्रलोभन का विरोध करना आसान हो जाएगा। ये लक्ष्य आपको ध्यान केंद्रित करने के लिए कुछ निश्चित चीजें देते हैं।

संतुष्टि में देरी आत्म-अनुशासन का अभ्यास करने का एक पहलू है; हालाँकि, यह एक महत्त्वपूर्ण पहलू है। आप तनाव से कैसे निपटते हैं, यह एक और बात है। □

तनाव के पलों में आत्म-अनुशासन

~

"आत्म-अनुशासन स्वतंत्रता का एक रूप है। आलस्य और सुस्ती से मुक्ति, दूसरों की अपेक्षाओं और माँगों से मुक्ति, कमजोरी और भय तथा संदेह से मुक्ति।"

—हार्वे ए. डॉर्फमैन

तनाव और आत्म-अनुशासन के बीच एक विरोधी संबंध है। वे परस्पर विरोधी लक्ष्यों की ओर काम करते हैं। वे लगातार सिर भिड़ाते रहते हैं। आप उनमें से एक को जितना अधिक प्रश्रय देंगे, दूसरे की पकड़ उतनी ही कम होगी।

तनाव के कई कारण होते हैं, लेकिन सबसे आम और प्रभावशाली कारण में से एक है—नियंत्रण की कमी की भावना। जब आपको ऐसा लगता है कि आप अपने आसपास जो हो रहा है, उसे नियंत्रित नहीं कर सकते, तो आप तनाव का अनुभव करते हैं। उन परिस्थितियों का आपके जीवन पर जितना अधिक प्रभाव होगा, आप उतना ही अधिक तनाव महसूस करेंगे। विडंबना यह है कि आप जितना अधिक तनाव अनुभव करते हैं, उतना ही कम नियंत्रण महसूस करते हैं।

यह एक भयानक और दुर्बल करने वाला चक्र होता है।

आगे हम तनाव और आत्म-अनुशासन के बीच संबंधों पर करीब से नजर डालेंगे। मैं आपको दिखाऊँगा कि प्रत्येक एक-दूसरे को कैसे प्रभावित करता है

और जब भी तनाव अपना सिर उठाता है तो नियंत्रण में कैसे रहना है, इसके लिए आपको कुछ तुरत-फुरत के सुझाव दूँगा।

तनाव आपके आत्म-नियंत्रण को कैसे प्रभावित करता है?

यदि आपने कभी बहुत अधिक शराब पी ली हो तो आप साफतौर पर जानते हैं कि इसका आपके आत्म-अनुशासन पर क्या प्रभाव पड़ता है। आवेग पर आपका नियंत्रण खत्म हो जाता है और आपकी भावनाओं पर लगाम लगाने में मदद करने वाली जो सीमाएँ आपने निर्धारित की हैं, वे टूट जाती हैं। ऐसी स्थिति में संतुष्टि में देरी करना आपको हास्यास्पद लगता है।

तनाव का भी ऐसा ही असर होता है। अत्यधिक दबाव में प्रमस्तिष्क (Amygdala), यानी आपके मस्तिष्क का वह क्षेत्र, जो आपके जीवन में डटे रहने की प्रवृत्ति को व्यवस्थित करता है, काम करना शुरू कर देता है। यह तनाव के स्रोत (पर्यावरणीय या जैविक) की पहचान करता है और यह पता लगाने का प्रयास करता है कि यह आपको कितना प्रभावित कर सकता है। आपने मन में चलने वाले द्वंद्व या लड़ो या भागो की प्रतिक्रिया के बारे में सुना होगा। प्रमस्तिष्क (Amygdala) उस प्रतिक्रिया को नियंत्रित करता है।

इससे पहले कि प्रमस्तिष्क (Amygdala) आपको कुछ ऐसा करने के लिए मजबूर करे, जिसके लिए आपको पछताना पड़े, यह प्रीफ्रंटल कॉर्टेक्स की जाँच करता है। आपके मस्तिष्क के इस हिस्से में आपकी भावनाओं का प्रबंधन होता है (यह कई काम करता है, लेकिन यहाँ हम भावनाओं पर ध्यान केंद्रित करेंगे)। प्रमस्तिष्क प्रीफ्रंटल कॉर्टेक्स से कहता है, "हमारे सामने एक गंभीर समस्या है।" प्रीफ्रंटल कॉर्टेक्स प्रमस्तिष्क को जवाब देता है, "शांत हो जाओ। हम उसे उचित ढंग से सँभाल सकते हैं।" फिर यह निर्णय लेता है कि तनाव देने वाले के प्रति हमारी प्रतिक्रिया क्या होगी।

आदर्श रूप से यह प्रक्रिया पर्याप्त होगी। लेकिन हम लोग बहुत अधिक तनाव लेनेवाले होते हैं (हाँ, यहाँ तक कि वे व्यक्ति भी, जो 'नाश्ते में तनाव खाने' का दावा करते हैं)। यह अभी भी हमारे आवेग नियंत्रण को कमजोर करता है।

उदाहरण के लिए, याद कीजिए, जब पिछली बार किसी गाड़ीवाले ने आपको इस तरह ओवरटेक किया था कि आपको अचानक अपनी लेन में वापस

जाना पड़ा था। इस तनाव पैदा करने वाली घटना ने आपके प्रमस्तिष्क को सक्रिय कर दिया था, जिसने आपके प्रीफ्रंटल कॉर्टेक्स को बताया, "सावधान! हमें इस मूर्ख को जवाब देना होगा।" प्रीफ्रंटल कॉर्टेक्स ने जवाब दिया, "एक सेकंड रुको। शांत हो जाओ। हम सुरक्षित हैं। आपदा टल गई है।" फिर भी, आप अब भी दोषी गाड़ी चलाने वाले को माफ करने के लिए तैयार नहीं होते और एक खास उँगली दिखाकर अपनी नाराजगी जाहिर करना चाहते हैं। (कोई आश्चर्य नहीं, मैंने भी ऐसा किया है।)

आपकी आंतरिक तनाव-प्रतिक्रिया प्रणाली आपको सुरक्षित रखने के लिए लगातार काम कर रही थी, फिर भी आपने भावनात्मक नियंत्रण खो दिया। आपने आवेग नियंत्रण के अस्थायी नुकसान का अनुभव किया है, जो विडंबनात्मक रूप से आपको नुकसान पहुँचा सकता है (रोडरेज उनमें से एक है)।

तनाव आपके भावनात्मक आत्म-नियंत्रण और परिणामस्वरूप, आत्म-अनुशासन का प्रयोग करने की आपकी क्षमता को तबाह कर सकता है। आइए, अब इस रिश्ते के दूसरे पहलू पर एक नजर डालते हैं।

आत्म-अनुशासन तनाव को कैसे दूर रखता है

तनाव आपके आत्म-अनुशासन को जितना कमजोर कर सकता है, आत्म-अनुशासन के प्रयोग से आप उतना ही कम तनाव महसूस करेंगे। इसका कारण तनाव के प्रमुख कारणों में से एक है—यह महसूस करना कि आप में नियंत्रण की कमी है और इस परिस्थिति से क्रोधित होना।

इस मुद्दे से संबंधित दो कारक महत्त्वपूर्ण भूमिका निभाते हैं। सबसे पहले, आप जब अनुशासित होते हैं, तब आप उन स्थितियों से अधिक बचना चाहते हैं, जो अनावश्यक तनाव का कारण बनती हैं।

उदाहरण के लिए, हर महीने पैसे बचाने से वित्तीय सहायता मिलती है। इसकी आशंका कम हो जाती है कि आप इस महीने का वेतन मिलने के बाद दूसरे महीने का वेतन मिलने तक के तनाव में जिएँगे।। पढ़ाई करने से आप परीक्षा के लिए तैयार हो जाते हैं। आपको अपने ग्रेड को लेकर तनाव कम होता है। अपने वाहन को नियमित रख-रखाव के लिए ले जाना उसे टूटने से बचाता है। आप इस चिंता का अनुभव कम करेंगे कि आपको सड़क किनारे फँसे होने का सामना करना पड़ेगा।

आत्म-अनुशासन आपको बेहतर निर्णय लेने में मदद करता है। वैसे तो तनाव जीवन का एक ऐसा हिस्सा है, जिससे बचा जा सकता है, लेकिन ये बेहतर फैसले आपको अनावश्यक तनाव से दूर रहने में मदद करेंगे।

दूसरा कारक यह है कि आत्म-अनुशासन का अभ्यास करने से आपको अपने प्रभाव से बाहर के तनावों के प्रति अपनी प्रतिक्रिया तय करने में मदद मिलती है।

उदाहरण के लिए, आप दफ्तर से घर जाते समय यातायात की भीड़ को नियंत्रित नहीं कर सकते। इस बात को समझ लेने से आपको क्रोधित होने के बजाय इसे स्वीकार करने में मदद मिलती है। आप मौसम को नियंत्रित नहीं कर सकते। इसे स्वीकार करने से आप इसके प्रति बौखलाने के बजाय इस पर उचित ढंग से प्रतिक्रिया दे सकते हैं। आप दूसरों के व्यवहार को नियंत्रित नहीं कर सकते। इसे स्वीकार करने से आपको शांत रहने और दूसरों के खराब व्यवहार करने पर दुःखी तथा क्रोधित महसूस करने के बजाय अपनी भावनाओं को नियंत्रित करने में मदद मिलती है।

यह दूसरा कारक दुःख के प्रति उदासीन होने के मूल सिद्धांत के करीब है। उन परिस्थितियों, जिन्हें आप नियंत्रित नहीं कर सकते, के बारे में खुद को तनावग्रस्त कर लेने के बजाय इस पर ध्यान केंद्रित करें कि आप उन परिस्थितियों पर कैसी प्रतिक्रिया देते हैं।

"आप अपने मन को वश में कर सकते हैं, बाहरी घटनाओं को नहीं। इसे समझें और आपको ताकत मिलेगी।"

—मार्कस ऑरेलियस

□

तनावपूर्ण समय के दौरान नियंत्रण में कैसे रहें

दुःख के प्रति उदासीन होने के सिद्धांत का आत्म-अनुशासन से चचेरे भाई-बहन जैसा रिश्ता है। दोनों एक-दूसरे से अलग हैं, लेकिन उनके लक्षण एक जैसे हैं। दुःख के प्रति उदासीन होने का व्यवहार आमतौर पर जहाँ नियंत्रण में रहने के लिए सहायक होता है, वहीं उसका दायरा बहुत व्यापक है। तो आइए, कुछ खास उपायों पर गौर करें, जिनका उपयोग आप आज जीवन में तनावपूर्ण होने पर अनुशासित रहने के लिए कर सकते हैं।

पहला कदम तनाव के कारण का पता लगाना है। क्या आप पर कठोर समय-सीमा (समय का तनाव) में काम पूरा करने का दबाव है? क्या आप किसी मित्र या प्रियजन से झगड़ रहे हैं (संबंधपरक तनाव)? क्या आप अपनी जरूरतों को पूरा करने (वित्तीय तनाव) के लिए संघर्ष कर रहे हैं? क्या आप किसी दुर्बल करने वाली बीमारी (शारीरिक तनाव) से पीड़ित हैं? क्या आप उदास (भावनात्मक तनाव) महसूस कर रहे हैं? एक बार जब आप कारण की पहचान कर लेते हैं तो आप इसे हल करने या इसका मुकाबला करने के लिए सही कदम उठा सकते हैं।

दूसरा, यह सोचें कि अगर आप नियंत्रण छोड़ देते हैं तो आप कैसा महसूस करेंगे—और आपको क्या परिणाम भुगतने होंगे। उदाहरण के लिए, मान लीजिए

कि आप डाइट पर हैं, लेकिन काम से संबंधित तनाव आप में जंक फूड खाने का लालच पैदा कर देता है। अगर इस तनावपूर्ण समय के दौरान आप आहार की परवाह करना छोड़ देते हैं तो सोचिए, आप किस प्रकार के अपराध-बोध और शर्मिंदगी का अनुभव करेंगे। या मान लीजिए कि आपका अपने जीवनसाथी से मतभेद चल रहा है। सोचिए, अगर गुस्से में आकर आपने कुछ गलत बोल दिया तो उसका नतीजा क्या होगा। यह सोचने से कि बाद में आप कैसा महसूस करेंगे, आप लापरवाही या अदूरदर्शिता से व्यवहार करने से बच जाएँगे।

तीसरा, अपने आप को याद दिलाएँ कि आप अपने कार्यों व निर्णयों के लिए जिम्मेदार हैं। हो सकता है कि परिस्थितियों में आपकी गलती न हो, लेकिन आप उन पर कैसा व्यवहार करते हैं, यह आपकी जिम्मेदारी है। उदाहरण के लिए, मान लीजिए कि आपका जीवनसाथी किसी असहमति के दौरान आपसे भद्दी बातें कहता है। यह आपकी गलती नहीं है। लेकिन आप बदले में जो कहते हैं, उसके लिए आप जवाबदेह हैं। अपने ऊपर नियंत्रण रखना आवश्यक है। यह याद कर आप खुश हो सकते हैं कि चाहे जीवन कैसी भी परिस्थिति पैदा करे, आप तय कर सकते हैं कि आप अनुशासित रहेंगे।

अधिकांश लोग बेवजह का तनाव सह सकते हैं; निश्चित रूप से अपनी कल्पना से भी अधिक। ज्यादातर मामलों में उनकी सबसे बड़ी बाधा उनकी मानसिकता होती है। यदि आप तनाव बढ़ने पर उपर्युक्त तीन उपायों का प्रयोग करते हैं तो आपके लिए नियंत्रण में रहना और प्रलोभनों का विरोध करना बहुत आसान हो जाएगा।

अगले भाग में हम आत्म-अनुशासन के बारे में कई सामान्य गलतफहमियों व भ्रमों को स्पष्ट और दूर करेंगे।

□

आत्म-अनुशासन के विषय में सामान्य भ्रांतियाँ

"आत्म-अनुशासन ऐसी क्षमता है, जिससे आप स्वयं से वह काम करवाते हैं, जिसे आपको करना चाहिए, चाहे आपका उसे करने का मन हो या नहीं।"

—एल्बर्ट हबर्ड

बहुत से लोग आत्म-अनुशासन का ऐसा अर्थ लगाते हैं, जिसके कारण वे इसका पालन करने से पीछे हट जाते हैं। अनुशासन क्या है (और क्या नहीं), इसे कैसे विकसित किया जाए और प्रतिदिन इसका प्रयोग करने का अर्थ क्या होता है, इसे लेकर उनकी धारणाएँ सही नहीं हैं। दुर्भाग्य से, ऐसी धारणाओं के कारण कई लोग यह जानने के बावजूद कि उनकी दूरगामी सफलता के लिए यह महत्त्वपूर्ण है, अनुशासन का निर्माण नहीं करते।

आगे हम आत्म-अनुशासन के बारे में सात सबसे आम भ्रांतियों की छानबीन करेंगे। यदि आप अपने जीवन के इस क्षेत्र में सुधार करने से बच रहे हैं तो हो सकता है कि आपने उनमें से एक या अधिक के कारण ऐसा किया हो। तो आइए, इन सात भ्रांतियों को उजागर करें और देखें कि वे जाँच की कसौटी पर टिक पाती हैं या नहीं (भेद खोल दूँ—वे कहीं नहीं टिकते)।

भ्रांति-1 : आत्म-अनुशासन इच्छा-शक्ति के समान है

लोग इन शब्दों का इस्तेमाल अकसर एक-दूसरे के लिए करते हैं; लेकिन उनके बीच एक महत्त्वपूर्ण अंतर है और यह अंतर अनुशासन के मूलभूत सिद्धांतों में से एक को परिभाषित करता है।

आत्म-अनुशासन जीवन के प्रति एक संगठित एवं सावधानीपूर्वक सोचे-समझे दृष्टिकोण का प्रतीक है, जो आपके मूल्यों, दृढ़ विश्वासों और दीर्घकालिक लक्ष्यों के साथ जुड़ा होता है। इसमें आदतें और दिनचर्या शामिल हैं, जो एक ऐसा व्यक्ति बनने की आपकी इच्छा का समर्थन करती हैं, जो आप बनना चाहते हैं।

इच्छा-शक्ति वह आत्म-नियंत्रण है, जिसकी सहायता से आप अपने तात्कालिक आवेगों का विरोध करते हैं। आप आज और अभी तृप्त होने की इच्छा को टाल सकते हैं।

उदाहरण के लिए, मान लें कि आप फिट होना चाहते हैं। ऐसा करने के लिए आप हर दिन अपने स्थानीय जिम में कसरत करने का निर्णय लेते हैं। आत्म-अनुशासन में ऐसी आदतें शामिल होंगी, जो इस लक्ष्य का समर्थन करती हैं, जैसे रोज सुबह 6 बजे उठना। इस समय उठना आपकी दिनचर्या का हिस्सा बन जाएगा। यह अपने आप होने लग जाएगा। इच्छा-शक्ति में कल सुबह आपका अलार्म बजने पर झपकी लेने की इच्छा का विरोध करना शामिल होगा।

आत्म-अनुशासन और इच्छा-शक्ति दोनों ही लक्ष्य-प्राप्ति में निर्णायक भूमिका निभाते हैं; लेकिन वे एक जैसे नहीं हैं। वे एक-दूसरे से पूरी तरह अलग हैं, और उस अंतर पर ध्यान देना महत्त्वपूर्ण है। (हम अगले अध्याय में इच्छा-शक्ति को अधिक विस्तार से जानेंगे।)

भ्रांति-2 : आत्म-अनुशासन के लिए भावनाहीन होना पड़ता है

वास्तव में एक आत्म-अनुशासित व्यक्ति की जो छवि बनी है, वह काफी घिसी-पिटी है। इस गढ़ी गई छवि में उसे पुराने जमाने का भावनाहीन व्यक्ति दिखाया जाता है, जिसके पास दृढ़ इच्छा-शक्ति है और वह कभी डगमगाता नहीं। कभी नहीं। वह एक ऐसी मशीन होता है, जिसके लिए हार की कल्पना भी नहीं की जा सकती। प्रचलित धारणा वाला यह नायक भावनाहीन होता है, जो 'असफलता कोई विकल्प नहीं है' जैसी प्रतिज्ञाओं को साकार करता है।

ऐसा व्यक्ति काल्पनिक कहानी में होता है। वास्तव में उनका कोई अस्तित्व नहीं है।

वास्तविकता यह है कि आत्म-अनुशासन का निर्माण और उसे बनाए रखने के लिए भावनात्मक जागरूकता की आवश्यकता होती है। यह अपेक्षा करता है कि आप सदैव यह जानें कि आपका मन कहाँ है! यदि आप चाहते हैं कि अपने आवेग को तुरंत और लंबे समय तक नियंत्रित रखें तो आपको यह समझना होगा कि आप एक विशेष ढंग से व्यवहार करने पर मजबूर क्यों हो जाते हैं। यदि आपने यह जान लिया कि आपकी मजबूरियाँ क्या हैं और वे वास्तव में आपकी आवश्यकताओं के अनुरूप हैं या नहीं, तो आप शांति से उन पर नियंत्रण पाने में सक्षम होंगे।

भ्रांति-3 : आत्म-अनुशासन हर किसी के लिए नहीं है

कोई भी व्यक्ति जन्म से आत्म-अनुशासित नहीं होता। यह कुछ लोगों के स्वभाव में होता है, जबकि अन्य लोगों में इसका आंतरिक रूप से होना मुश्किल होता है। यह आनुवंशिक नहीं होता।

इस गलत धारणा के साथ सबसे बड़ी समस्या यह है कि इसके कारण लोगों को यह विश्वास हो जाता है कि अनुशासन का निर्माण करना व्यर्थ है, या कम-से-कम ऐसा लगता है कि यह बहुत कठिन है और इस योग्य नहीं कि वे अपना समय और प्रयास लगाएँ।

आइए, इन भ्रांतियों को दूर करें।

हर कोई एक ही शुरुआती बिंदु (जन्म) से शुरू करता है। उस बिंदु से आत्म-अनुशासन सीखा जाता है, अभ्यास किया जाता है और समय के साथ परिष्कृत किया जाता है। हालाँकि, कुछ लोगों को अपने जीवन के आरंभ में दूसरों की तुलना में अधिक सहायता मिलती है (उदाहरण के लिए, माता-पिता का प्रोत्साहन)। लेकिन कोई भी इसे विकसित कर सकता है। प्रतिबद्धता और निरंतर अभ्यास के साथ परिस्थितियाँ समान हो जाती हैं।

भ्रांति-4 : आत्म-अनुशासन आपकी स्वतंत्रता को सीमित करता है

ऐसा लग सकता है, मानो आत्म-अनुशासन स्वतंत्रता का विरोधी है। ऐसी स्वतंत्रता कि आप जो चाहें, खाएँ; आप जो चाहते हैं, उसे कहने की स्वतंत्रता; आप जो भी करना चाहते हैं, जब भी करना चाहें, उसे करने की स्वतंत्रता। यह दृष्टिकोण स्पष्ट रूप से कई लोगों को आत्म-अनुशासन विकसित करने के विचार से विमुख कर देता है। वैसे भी कोई अपने जीवन में स्वेच्छा से पाबंदियाँ क्यों लगाना चाहेगा?

लेकिन यह एक सामान्य भूल है। वास्तविकता काफी अलग है और इसे समझने के लिए दृष्टिकोण में बड़े बदलाव की आवश्यकता होती है।

आत्म-अनुशासन आपकी स्वतंत्रता को सीमित नहीं करता है। यह आपको स्वतंत्रता देता है—जिन लक्ष्यों को आप प्राप्त करना चाहते हैं, उन्हें आगे बढ़ाने की स्वतंत्रता; आप जैसा जीवन जीना चाहते हैं, उसे जीने की स्वतंत्रता; वह व्यक्ति बनने की स्वतंत्रता, जो आप वास्तव में बनना चाहते हैं। आत्म-अनुशासन आपको अपनी वर्तमान इच्छाओं एवं भावनाओं से स्वतंत्रता देता है, जिससे आप अपने मूल्यों, दृढ़ विश्वासों और महत्त्वाकांक्षाओं के अनुरूप विकल्प चुनने के लिए स्वतंत्र हो जाते हैं।

भ्रांति-5 : आत्म-अनुशासन आपको नियंत्रण देता है

हम ऐसा महसूस करना चाहते हैं, जैसे हम नियंत्रण में हैं। सभी में पाई जाने वाली यह इच्छा एक घोर नापसंदगी, यहाँ तक कि भय के कारण पैदा होती है और वह है—अनिश्चितता। यह भी एक कपोल-कल्पना है और आत्म-अनुशासन के निर्माण से यह सच्चाई नहीं बदलेगी (न ही बदल सकती है)।

आप अन्य लोगों को नियंत्रित नहीं करते हैं। उनके उद्देश्यों, कार्यों और प्रतिक्रियाओं पर आपका कोई अधिकार नहीं होता है। आप अपनी परिस्थितियों को नियंत्रित नहीं कर सकते। प्राकृतिक घटनाएँ, बाजार की उथल-पुथल और सामाजिक संघर्ष आपके अधिकार-क्षेत्र से बाहर होते हैं।

एकमात्र चीज, जिसे आप नियंत्रित करते हैं, वह आप स्वयं हैं। आप अपने व्यवहार को नियंत्रित करते हैं। आप अपने कार्यों एवं प्रतिक्रियाओं को नियंत्रित

करते हैं। आप अपने विचारों, विश्वासों और भावनाओं को नियंत्रित करते हैं। आप अपने मूल्यों एवं लक्ष्यों को नियंत्रित करते हैं और आप स्वयं को प्रलोभनों से प्रभावित होने देते हैं या नहीं।

यह जितना लगता है, उससे कहीं अधिक शक्तिशाली है। आत्म-अनुशासन आत्म-निपुणता की ओर ले जाता है, जो आपको स्थितियों का मूल्यांकन करने, अपने विकल्पों का मूल्यांकन करने, तर्कसंगत निर्णय लेने और उद्‍देश्यपूर्ण काररवाई करने की स्वायत्तता देता है।

भ्रांति-6 : आत्म-अनुशासन का अर्थ बस, 'नहीं' कहना है

आत्म-अनुशासन को अकसर बहुत सरल समझ लिया जाता है। आमतौर पर इसे बस, यही समझा जाता है कि आप अपनी इच्छाओं और विवशताओं को टालने के लिए 'नहीं' कह दें। डाइटिंग के दौरान आइसक्रीम खाने की इच्छा को 'नहीं' कह दें। जब आप विवाहित हों तो किसी आकर्षक सहकर्मी का पीछा करने की इच्छा को 'नहीं' कह दें। जब कोई आपके साथ अपमानजनक व्यवहार करता है तो गुस्से में जवाब देने की तीव्र इच्छा को 'नहीं' कह दें।

'नहीं' कहने की इच्छा आत्म-नियंत्रण को परिभाषित करती है, न कि आत्म-अनुशासन को। आत्म-नियंत्रण आत्म-अनुशासन का मात्र एक पहलू है। यह महत्त्वपूर्ण है; लेकिन आत्म-अनुशासन में इस एक गुण के अतिरिक्त कई बातें शामिल हैं।

जब आप प्रलोभनों को 'नहीं' कहते हैं तो आप ऐसा उसी क्षण करते हैं। आपके सामने एक आवेग या तीव्र इच्छा आती है और आप उसी समय उसका विरोध करने का निर्णय लेते हैं। आत्म-अनुशासन दीर्घकालिक दृष्टिकोण से उत्पन्न होता है। यह लक्ष्यों से उत्पन्न होता है, जो लंबे समय तक (यहाँ तक कि जीवन भर भी) आपके निर्णयों और कार्यों को प्रभावित करता है।

आज रात के खाने के बाद एक कटोरा आइसक्रीम खाने को 'नहीं' कहना आत्म-नियंत्रण का उदाहरण है। आइसक्रीम खाने से इस कारण पूरी तरह परहेज करना, क्योंकि आप आकार में रहना चाहते हैं, आत्म-अनुशासन का एक उदाहरण है।

भ्रांति-7 : आत्म-अनुशासन बनाए रखना कठिन है

यह वास्तव में उन लोगों के लिए सबसे बड़ी बाधा है, जो आत्म-अनुशासन के निर्माण की इच्छा रखते हैं। वे मान लेते हैं कि ऐसा करना कठिन और अप्रिय होगा। इसलिए, वे सही मायने में शुरुआत करने से पहले ही हार मान लेते हैं।

यहाँ दो बातों को स्पष्ट करना आवश्यक है।

सबसे पहले, आत्म-अनुशासन के अभाव में जीवन जीना आसान लगता है, लेकिन यह एक भ्रम है। इसे वर्तमान की एक झलक से जीवन को देखते हुए निर्णय लेकर बनाए रखा जाता है। यदि आज आप अपनी इच्छाओं और आवेगों के आगे झुके तो भविष्य में परिणाम भुगतना लगभग निश्चित है। उदाहरण के लिए, रात के खाने के बाद आइसक्रीम खाना आसान है (लालच के आगे झुकना हमेशा आसान होता है)। लेकिन यदि आप ऐसा हर रात करते हैं तो अंत में आपको वजन बढ़ने, पाचन संबंधी समस्याओं और अन्य स्वास्थ्य समस्याओं का सामना करना होगा।

दूसरा, आत्म-अनुशासन बनाए रखना सिर्फ तभी मुश्किल होता है, जब इसे आदतों और दिनचर्या से मदद न मिले। सही आदतों और दिनचर्या के साथ इसे बनाए रखना अधिक आसान हो जाता है। उदाहरण के लिए, अगर आप आमतौर पर सुबह 8 बजे सोकर उठते हैं तो अगली सुबह 5 बजे उठना आपके लिए शायद मुश्किल होगा। लेकिन यदि आप पिछले कई हफ्तों से हर सुबह 5 बजे उठ रहे हैं तो अगले दिन उस समय जागना आपके लिए आदत का हिस्सा होगा।

क्या आत्म-अनुशासन को विकसित करना और बनाए रखना चुनौतीपूर्ण है? हाँ, लेकिन सिर्फ बेहद सीमित अर्थों में। सही दृष्टिकोण से यह बहुत सरल हो जाता है और आपकी सफलता निश्चित हो जाती है। (भाग-2 में मैं आपको एक-एक कदम के साथ इस दृष्टिकोण के बारे में बताऊँगा।)

मैंने आपसे वादा किया था कि हम आत्म-अनुशासन से संबंधित इच्छा-शक्ति की गहराई में गोते लगाएँगे। अब मेरे लिए उस वादे को पूरा करने का समय आ गया है।

☐

आत्म-अनुशासन बनाम इच्छा-शक्ति

~

"स्वयं से अधिक या कम प्रभुत्व आप किसी अन्य पर प्राप्त नहीं कर सकेंगे¨ किसी व्यक्ति की सफलता की ऊँचाई उसकी आत्म-निपुणता से आँकी जाती है। उसके आत्म-परित्याग से उसकी विफलता की गहराई¨ और यही शाश्वत न्याय का नियम है।"

—लियोनार्दो दा विंची

हमने पिछले अध्याय में जाना कि आत्म-अनुशासन और इच्छा-शक्ति अलग-अलग हैं। इसलिए हम यहाँ उस विषय को फिर से नहीं दोहराएँगे। दोनों कैसे अलग हैं, इसे याद रखने का एक आसान उपाय है कि आप यह समझिए कि आत्म-अनुशासन जीवन जीने का एक तरीका और इच्छा-शक्ति किसी विशेष समय पर आपकी ओर से चुना गया विकल्प है।

हालाँकि, इसका तात्पर्य यह नहीं है कि इच्छा-शक्ति महत्त्वहीन है। आत्म-अनुशासन का निर्माण करना महत्त्वपूर्ण है, विशेषकर प्रारंभिक चरण में। यह जरूरी है। इसे ध्यान में रखते हुए मैं बताऊँगा कि यह कैसे काम करता है, इसकी सबसे महत्त्वपूर्ण सीमा क्या है और इसे सुदृढ़ करने के लिए आपको कुछ टिप्स दूँगा, जिनका इस्तेमाल आप कर सकते हैं।

इच्छा-शक्ति कैसे काम करती है

इच्छा-शक्ति जितनी दिखती है, उससे कहीं अधिक जटिल है। आप विकल्पों को चुनने के लिए हर दिन इसका उपयोग करते हैं; लेकिन हर चयन के पीछे आपके दिमाग में एक लड़ाई छिड़ी रहती है।

जब भी आप कई विकल्पों के बीच चयन करने वाले होते हैं तो आपका प्रीफ्रंटल कॉर्टेक्स सक्रिय हो जाता है। यह आपके मस्तिष्क के सामने वाले क्षेत्र में बैठता है और निर्णय लेने तथा आत्म-नियमन सहित कई कार्यकारी कार्यों को नियंत्रित करता है।

मस्तिष्क का यह क्षेत्र अनुशासन का वह आदर्श उदाहरण नहीं है, जिसकी हम कल्पना करते हैं (या आशा करते हैं)। यह प्रलोभन के प्रति संवेदनशील होता है। यह हर विकल्प की ओर से पेश किए गए क्षणिक व दीर्घकालिक दोनों लाभों एवं परिणामों को पहचानता है और कभी-कभी उलझ भी जाता है। उदाहरण के लिए, जब आप अपना पसंदीदा कैंडी बार देखते हैं तो आपका प्रीफ्रंटल कॉर्टेक्स इस बात पर विचार करता है कि यह कितना स्वादिष्ट है, जबकि यह स्वास्थ्य के लिए नुकसानदेह होता है। आप इसे खाना तो चाहते हैं, लेकिन स्वस्थ भी रहना चाहते हैं। यह उलझन निर्णय लेने को कठिन बना देती है।

निर्णय लेने की प्रक्रिया के इसी मोड़ पर आपकी इच्छा-शक्ति का काम शुरू होता है। अगर आपकी इच्छा-शक्ति मजबूत है तो आप उस कैंडी बार खाने की इच्छा का विरोध करेंगे। यदि आप में इच्छा-शक्ति की कमी है तो फिर वह कैंडी बार आपके पेट में जाकर रहेगी।

यह प्रक्रिया सरल लगती है, लेकिन इसमें बहुत अधिक ऊर्जा की आवश्यकता होती है। पूरे दिन परस्पर विरोधी विकल्पों का सामना करते हुए आपका प्रीफ्रंटल कॉर्टेक्स धीरे-धीरे थक जाता है। जैसे-जैसे आपका दिन बढ़ता है, प्रलोभनों का विरोध करना कठिन होता जाता है। दिन के अंत तक आप मानसिक एवं भावनात्मक रूप से थक चुके होते हैं और उस कैंडी बार को खाने से बचना बहुत कठिन हो जाता है।

यही इच्छा-शक्ति की सबसे बड़ी सीमा को दिखाता है।

इच्छा-शक्ति के साथ समस्या

समस्या आप पहले ही समझ सकते हैं। इच्छा-शक्ति आपके वाहन के गैस टैंक में जमा ईंधन की तरह है। जैसे-जैसे आप इसका उपयोग करते हैं, टैंक में ईंधन

की मात्रा कम होती जाती है। आप जितना अधिक उपयोग करेंगे, आपके पास उतना ही कम बचेगा। आपका टैंक अंत में सूख जाता है—कम-से-कम जब तक कि आप रात में अच्छी तरह आराम करके इसे फिर से नहीं भर लेते।

आप यह मान सकते हैं कि आप इस 'ईंधन' को तब तक सुरक्षित रख सकते हैं, जब तक आपको वास्तव में इसकी आवश्यकता न हो। लेकिन कई कारक आपके विरुद्ध कुचक्र रचते हैं। याद करें कि पिछली बार आप अपने स्थानीय किराना स्टोर या शॉपिंग मॉल में कब गए थे। क्या आपको वहाँ रखी सैकड़ों चीजें याद हैं, जिन्हें आपका ध्यान आकर्षित करने के लिए चतुराई से रखा गया था ? इन वस्तुओं ने आपको छोटे-छोटे न जाने कितने फैसले करने पर मजबूर किया और हर बार आपकी इच्छा-शक्ति कम होती गई।

मात्र आपका निकटतम परिवेश ही आपके विरुद्ध काम नहीं करता, आपकी नींद की गुणवत्ता भी इसमें एक भूमिका निभाती है। सन् 2014 में प्रकाशित एक अध्ययन में शोधकर्ताओं ने उन परिणामों का वर्णन किया, जो बताते हैं कि एक रात की भी खराब नींद प्रीफ्रंटल कॉर्टेक्स के कामकाज को बिगाड़ देती है।[5]

इच्छा-शक्ति के साथ ये कुछ प्रमुख समस्याएँ हैं। यही कारण है कि आप अपने आवेगों का विरोध करने और अच्छे विकल्प चुनने के लिए केवल इच्छा-शक्ति पर भरोसा नहीं कर सकते।

क्यों आत्म-अनुशासन लंबे समय में हमेशा इच्छा-शक्ति पर भारी पड़ता है

इसका कारण है कि इच्छा-शक्ति एक घटने वाला संसाधन है और आवश्यकता के समय अकसर इसके कम पड़ने का खतरा रहता है। इसके अलावा, आपके नियंत्रण से बाहर के कारक आपके पास इसके जमा भंडार पर भारी दबाव डालते हैं।

यदि आपका दिन विशेष रूप से थका देने वाला है तो आपके पास 'टैंक' में कुछ भी नहीं बचेगा। यदि आप अच्छी नींद नहीं सोते तो आप उस दिन की तुलना में

---

5. वर्तीनियन, ओ.; बॉआक, एफ.; कैल्डवेल, जे.एल.; चेउंग, बी.; कपचिक, जी.सी.; जोबिडॉन, एम.; लैम, क्यू.; नाकाशिमा, ए.; पॉल, एम.; पेंग, एच.; सिल्विया, पी.जे.; और स्मिथ, आई. (2014)। एक रात की नींद की कमी का अलग-अलग विचारों के दौरान प्रवाह और प्रीफ्रंटल कॉर्टेक्स के कार्य पर प्रभाव। फ्रंटियर्स इन ह्यूमन न्यूरोसाइंस, 8

बहुत कम से शुरुआत करेंगे, जिस दिन आपने अच्छी नींद ली थी। किसी भी प्रकार से, आपके लिए प्रलोभनों का विरोध करना, अपनी इच्छाओं को नियंत्रित करना और अपनी भावनाओं को नियंत्रित करना अधिक कठिन होगा।

यही कारण है कि आत्म-अनुशासन इच्छा-शक्ति पर भारी पड़ता है। जब आप आत्म-अनुशासन पर भरोसा करते हैं तो आप आदतों पर निर्भर होते हैं। एक बार जब वे विकसित हो जाती हैं तो ये आदतें एक न्यूरोलॉजिकल लूप के माध्यम से व्यवहार को प्रेरित करती हैं। संकेत उन्हें एक दिनचर्या के हिस्से के रूप में ट्रिगर करते हैं, जिसका समापन उन पुरस्कारों के साथ समाप्त होता है, जो लालसा को संतुष्ट करते हैं और मजबूती देते हैं।

आपकी आदतें समाप्त होने वाले संसाधन नहीं हैं। आप सुबह उठने से लेकर शाम को बिस्तर पर जाने तक उन पर भरोसा कर सकते हैं। आपको कभी भी इस बारे में चिंता नहीं करनी पड़ती है कि आपके टैंक में पर्याप्त ईंधन है या नहीं।

इच्छा-शक्ति को बढ़ाने के लिए अभी कीजिए ये तीन उपाय

वैसे तो इच्छा-शक्ति एक गंभीर कमी (इसकी खपत होने वाली प्रकृति) से ग्रस्त है, लेकिन यह वर्तमान में संतुष्टि में देरी के लिए महत्त्वपूर्ण है। यह उस समय के लिए खासतौर पर सही है, जब आपने अधिक बोझ उठाने की आदत नहीं डाली है।

संक्षेप में कहें, तो अधिक इच्छा-शक्ति बिल्कुल भी न होने से बेहतर है। लेकिन एक बार जब आप अच्छी आदतें दृढ़ कर लेंगे, जो आपके दीर्घकालिक आत्म-अनुशासन को सहारा देती हैं, तो आपको इसकी उतनी आवश्यकता नहीं होगी। लेकिन अभी के लिए, आइए, इस अंग को मजबूत करें, ताकि आप इसका इस्तेमाल सीमित समय के उपकरण के रूप में कर सकें। अब आपको झटपट ये तीन उपाय बता दें।

पहला, प्रलोभन बंडलिंग का उपयोग करें।[6] यह एक ऐसी रणनीति है, जो आपको तत्काल संतुष्टि वाला कोई काम करने देती है, जिससे आप उस काम करने

6. यह शब्द व्हार्टन प्रोफेसर कैथरीन मिल्कमैन द्वारा गढ़ा गया था। दो अन्य शोधकर्ताओं के साथ उन्होंने प्रलोभन बंडलिंग के एक आकर्षक अध्ययन पर पुस्तक लिखी—मिल्कमैन, के.एल.; मिंसन, जे.ए. और वोलप, के.जी. (2014)। 'होल्डिंग द हंगर गेम्स होस्टेज एट द जिम : एन इवैलुएशन ऑफ टेंपटेशन बंडलिंग'। मैनेजमेंट साइंस, 60(2), 283-299

के लिए प्रेरित हों, जिसके लिए इच्छा-शक्ति की आवश्यकता होती है। उदाहरण के लिए, मान लें कि आप अपना पसंदीदा पॉडकास्ट सुनना चाहते हैं। यह खुशी अपराध-बोध के साथ मिलती है। उसी समय आपको अपने कुत्ते को भी टहलाना होगा। आप जब प्रलोभन बंडल का उपयोग करेंगे तो पॉडकास्ट सुन सकेंगे, लेकिन सिर्फ उस समय, जब आप अपने कुत्ते को घुमा रहे होंगे।

दूसरा, अपने निर्णयों और व्यवहारों पर नजर रखें। ऐसे संकेतों की तलाश करें, जो खराब संकेतों से पहले मन में आते हैं और उन संकेतों को कम करने का प्रयास करें। उदाहरण के लिए, आपको पता चल सकता है कि तनावग्रस्त होने पर आपको जंक फूड खाने की सबसे अधिक इच्छा होती है। केवल इच्छा-शक्ति के बल पर जंक फूड से बचने की कोशिश करने के बजाय अपने जीवन में उन तनावों को दूर करने का प्रयास करें, जो अकसर पैदा होते रहते हैं।

तीसरा, अपनी नींद की गुणवत्ता को बढ़ाएँ। (मैं जानता हूँ कि कह देना आसान है, लेकिन मेरी बात ध्यान से सुनिए।) ये रहे कुछ उपाय—

- सोने का एक समय निर्धारित करें और उसका पालन करें। प्रत्येक रात एक ही समय पर बिस्तर पर जाएँ। प्रत्येक सुबह एक ही समय पर बिस्तर से उठें।
- सोने से कई घंटे पहले शराब, कैफीन और भारी भोजन से बचें।
- बिस्तर पर अपने फोन या अन्य उपकरणों का इस्तेमाल न करें। बिस्तर पर टी.वी. न देखें।
- सोने से कुछ घंटे पहले गरम पानी से स्नान करें।
- बहुत अधिक कंबलों का उपयोग करने से बचें (शरीर का उच्च तापमान नींद में बाधा डालता है)।
- रात को अपने सोने के कमरे में आधा अँधेरा रखें।

नींद की गुणवत्ता इतना व्यापक विषय है कि इस पर अलग से एक पुस्तक लिखी जा सकती है। लेकिन इन आसान उपायों ने मेरी नींद में सुधार किया है और मैं शर्त लगा सकता हूँ कि ये आपकी नींद में भी सुधार करेंगे।

अब हम समझते हैं कि इच्छा-शक्ति कैसे काम करती है? इसकी तुलना आत्म-अनुशासन से कैसे की जाती है और अच्छी आदतें बनाते हुए इसे कैसे बढ़ाया जाए? आइए, अपना ध्यान प्रेरणा की ओर ले जाएँ।

□

आत्म-अनुशासन बनाम प्रेरणा

~

"इसकी आशा न करें कि प्रतिदिन प्रेरित होकर आप निकलेंगे और काम हो जाएँगे। आप ऐसा नहीं कर पाएँगे। प्रेरणा पर भरोसा मत कीजिए, अनुशासन पर विश्वास कीजिए।"

—जोको विलिंक

प्रेरणा आपके कार्यों के पीछे की उत्प्रेरक है। यह आपको वह करने के लिए प्रोत्साहित करती है, जो आपके लिए महत्त्वपूर्ण लक्ष्यों को प्राप्त करने के लिए आवश्यक है। जब आप अपनी परिस्थितियों से असंतुष्ट होते हैं तो यह आपको कुछ करने के लिए प्रेरित करती है। जब ठहराव परेशान करने वाला या विचित्र हो जाता है तो यह आपको काररवाई करने के लिए प्रेरित करती है।

प्रेरणा महत्त्वपूर्ण है और मैं आपको नीचे इसका उपयोग करने का तरीका बताऊँगा। लेकिन यह महसूस करना भी उतना ही महत्त्वपूर्ण है कि इसे अतिरंजित किया गया है। इच्छा-शक्ति की तरह यह उन सीमाओं से घिरी है, जो इसे अविश्वसनीय बनाती हैं। इसके अलावा, इसका एक स्याह पक्ष भी है, जिस पर शायद ही कभी चर्चा होती है; लेकिन इसे पहचानना महत्त्वपूर्ण है।

प्रेरणा कैसे काम करती है

प्रेरणा कई स्रोतों से उत्पन्न होती है। कुछ आंतरिक हैं, जबकि अन्य बाहरी हैं (इस पर कुछ देर में और बात करेंगे) और वे अकसर आपकी उम्र के अनुसार बदल जाते हैं।

आपके माता-पिता ने शायद बचपन के दौरान आपके व्यवहारों और निर्णयों को प्रभावित किया होगा। खराब व्यवहार पर आलोचना होती थी और अच्छे व्यवहार पर पुरस्कार मिलते थे। संभव है कि आपके शिक्षकों ने भी ऐसा ही प्रभाव डाला होगा। साथ ही, आपने उनकी अपेक्षाओं के अनुरूप अपने व्यवहार में बदलाव किया होगा।

जैसे-जैसे आप बड़े होते गए, आपके माता-पिता और शिक्षकों का आप पर प्रभाव कम होता गया। आप वयस्क हो गए और आपकी नजर में उनका आधिपत्य कम हो गया। आपके माता-पिता अब आपको खराब व्यवहार के लिए दोषी नहीं ठहरा सकते (या अच्छे व्यवहार के लिए आपका साप्ताहिक जेब-खर्च नहीं बढ़ा सकते)। आपके शिक्षक अब आपको ग्रेड फेल होने की धमकी नहीं दे सकते। आपकी प्रेरणा के स्रोत अब आपके मित्र, अन्य महत्त्वपूर्ण लोग और आपके मालिक हो गए। आपने उन्हें खुश करने और उनकी अपेक्षाओं को पूरा करने के लिए आंशिक रूप से अपने व्यवहार को अनुकूल बनाया।

ये प्रभाव बाह्य प्रेरणा के उदाहरण हैं। वे ऐसे पुरस्कारों और परिणामों का वादा (या संकेत) करते हैं, जो आपके लिए बाहरी हैं। जितना अधिक आप इन पुरस्कारों को महत्त्व देते हैं और इन परिणामों से डरते हैं, वे आपके लिए प्रेरक के रूप में उतने ही अधिक प्रभावी होते हैं।

आंतरिक प्रेरणा भीतर से उत्पन्न होती है। आपके व्यवहार और निर्णय आंतरिक पुरस्कारों एवं परिणामों से प्रेरित होते हैं। आपकी मान्यताएँ, मूल्य, पसंद-नापसंद और लक्ष्य तथा आकांक्षाएँ इन्हें सूचित करते हैं। वे आपकी पहचान से जुड़े होते हैं।

उदाहरण के लिए, आप अपने बगीचे की देखभाल करते हैं, क्योंकि आपको बागबानी में आनंद आता है। आप किसी मित्र की आगे बढ़ने में मदद करते हैं, क्योंकि ऐसा करने से आपको अच्छा महसूस होता है। आप जंक फूड खाने से परहेज करते हैं, क्योंकि आप बेहतर महसूस करना चाहते हैं। आपके कार्य दूसरों के दबाव से प्रेरित नहीं होते हैं, बल्कि आपकी स्वयं की भावना से प्रेरित होते हैं, जो यह बताते हैं कि आप कौन हैं।

आप अपने पूरे जीवन में दोनों प्रकार की प्रेरणा को महसूस करेंगे। लेकिन आंतरिक प्रेरक चूँकि आपकी पहचान से जुड़े होते हैं, इस कारण वे निश्चित रूप से बाहरी प्रेरकों की तुलना में अधिक शक्तिशाली होते हैं। आप उनके प्रभाव को अधिक तीव्रता से महसूस करते हैं। उदाहरण के लिए, यदि ईमानदारी आपके प्रमुख मूल्यों में से एक है, तो आप अपनी परिस्थितियों की परवाह किए बिना सम्मानपूर्वक कार्य करने के लिए प्रेरित होंगे। इस बीच, किसी विशिष्ट क्रेडिट कार्ड का उपयोग करने के लिए एयरलाइन मील प्राप्त करने जैसे बाहरी प्रेरकों का आप पर कम प्रभाव पड़ता है।

यहाँ स्पष्ट कर दूँ कि दोनों प्रकार की प्रेरणाएँ लाभदायक हैं। काम करने के लिए आप दोनों की प्रेरणा का उपयोग कर सकते हैं। आप अपने आत्म-अनुशासन के निर्माण और उसे सुदृढ़ करने के लिए दोनों का उपयोग कर सकते हैं। लेकिन यह ध्यान देना महत्त्वपूर्ण है कि वे आपके कार्यों और निर्णयों को कैसे प्रभावित करते हैं! इसकी सराहना करने के लिए वे एक-दूसरे से कैसे भिन्न हैं!

प्रेरणा बनाम इच्छा-शक्ति

स्पष्टता के लिए और सटीक रूप से समझने के लिए आइए, प्रेरणा और इच्छा-शक्ति की तुलना करें। हमें अपने आत्म-अनुशासन पर उनके प्रभावों को समझने के लिए इन शब्दों का सही ढंग से प्रयोग करना चाहिए।

हमने पहले यह जाना कि इच्छा-शक्ति वह क्षमता है, जिससे आप अपने तात्कालिक आवेग को रोकते हैं। यह आज और अभी संतुष्टि की आपकी इच्छा में देरी करने की आपकी क्षमता है। इसमें डाइट के दौरान कैंडी बार के प्रलोभन से बचने के अलावा, जिस समय आप टेलीविजन देखना पसंद करते, उस समय आपको अपने विचार लिखने की प्रेरणा देने तक सबकुछ शामिल है।

प्रेरणा वह कारण है, जिसके चलते आप कुछ करना चाहते हैं। उदाहरण के लिए, आप डाइट पर क्यों हैं? बेहतर महसूस करने के लिए? बेहतर दिखने के लिए? अपना आत्मविश्वास बढ़ाने के लिए? आप अपने विचार क्यों लिख रहे हैं? अपना तनाव कम करने के लिए? बाद की समीक्षा के लिए अपने विचार रिकॉर्ड करने के लिए? नकारात्मक भावनाओं से निपटने और अपने मानसिक स्वास्थ्य में सुधार करने के लिए?

इच्छा-शक्ति और प्रेरणा दोनों आवश्यक हैं। दोनों वर्तमान में आपके निर्णयों एवं कार्यों को प्रभावित करते हैं, जो उन लक्ष्यों से सूचित होते हैं, जिन्हें आप प्राप्त करना चाहते हैं। उन्हें प्राप्त करने तक दोनों आत्म-अनुशासन विकसित करने के संघर्ष में प्रभावशाली सहयोगी हैं, लेकिन इनमें से कोई भी भरोसेमंद नहीं है।

इससे पहले हमने इच्छा-शक्ति की तुलना एक टैंक में ईंधन से की थी, जो आपके उपयोग के दौरान खत्म हो जाता है और अंत में सूख जाता है। इसी तरह, लंबे समय तक लगातार प्रेरित महसूस करना असंभव है। आपकी प्रेरणा आपकी भावनाओं, ऊर्जा और आपकी सहजता पर आपकी तात्कालिक परिस्थितियों के प्रभाव के साथ घटती-बढ़ती रहती है। संक्षेप में, कभी-कभी आप इसे 'महसूस' नहीं कर रहे होते हैं।

इससे भी बुरी बात यह है कि प्रेरणा का एक स्याह पक्ष भी है।

प्रेरणा का स्याह पक्ष

हम प्रेरणा को सकारात्मक दृष्टि से देखते हैं। हम आशावाद एवं आत्मविश्वास से प्रेरित होकर कुछ करने के लिए उत्साहित व प्रेरित होते हैं और जानते हुए कदम उठाते हैं। हम 'अपने सपनों का पीछा करने' और 'अपने जुनून को आगे बढ़ाने' के लिए ऊर्जावान् महसूस करते हैं। 'हमें जो चाहिए, उसके पीछे जाने के लिए' हम उत्साहित महसूस करते हैं।

लेकिन यह प्रसन्न करने वाला दृष्टिकोण प्रेरणा का एक स्याह पक्ष छुपाता है। यदि हम इसे अनदेखा या नजरअंदाज करते हैं तो हम नकारात्मक भावनाओं के आगे अपनी मनोदशा को सौंप देने का जोखिम उठाते हैं। प्रेरणा वास्तव में भय, क्रोध, ईर्ष्या और घृणा से उतनी ही तेजी से उत्पन्न हो सकती है, जितनी तेजी से किसी अच्छे विचार, उत्साह, आशावाद और आत्मविश्वास से उत्पन्न हो सकती है।

समस्या यह है कि आत्म-अनुशासन का निर्माण और उसे बनाए रखते समय नकारात्मक भावनाएँ लाभ से अधिक हानि पहुँचाती हैं।[7] वे आपको तर्क करने से रोकती हैं। वे आपको मजबूर करती हैं कि आप एक सनक में तुरंत परेशानी और लापरवाहीपूर्ण तरीके से व्यवहार करें; जबकि ऐसा हो सकता है कि उनका आपके

---

7. चेस्टर, डी.एस.; लिनम, डी.आर.; मिलिच, आर.; पॉवेल, डी.के.; एंडरसन, ए.एच. और डीवॉल, सी.एन. (2016)। नकारात्मक भावनाएँ आत्म-नियंत्रण को कैसे दुर्बल बनाती हैं? नकारात्मक तात्कालिकता का एक तंत्रिका मॉडल। न्यूरोइमेज, 132, 43-50

दीर्घकालिक लक्ष्यों और आकांक्षाओं से कोई लेना-देना न हो।

उदाहरण के लिए, मान लें कि आपको अपनी नौकरी खोने का डर है। यह डर आपको अपने दीर्घकालिक कॅरियर लक्ष्यों के विपरीत काम करने के लिए मजबूर कर सकता है। या मान लीजिए कि आप आईने में देखते हैं, और जो देखते हैं, उससे क्रोधित हो जाते हैं। यह घृणा आत्म-घृणा का कारण बन सकती है, जो आपको अपना शरीर तंदुरुस्त रखने वाली स्वस्थ आदतों को अपनाने के बजाय बेहिसाब खाने के लिए प्रेरित करती हैं।

नकारात्मक भावनाएँ आपको अपने आवेगों को नियंत्रित करने और संतुष्टि में देरी करने के लिए प्रेरित कर सकती हैं, जो आत्म-अनुशासन के दो महत्त्वपूर्ण बुनियादी सिद्धांत हैं। लेकिन वे ऐसा उन तरीकों से करती हैं, जिन्हें सही नहीं कहा जा सकता है। भय, घृणा, क्रोध और शर्म जैसी भावनाएँ आपके मानसिक (और शारीरिक) स्वास्थ्य को नुकसान पहुँचा सकती हैं। यदि उन्हें अनियंत्रित बने रहने दिया जाता है तो वे आपके आशावाद को कुचल देंगे और एक स्थायी संशयवाद को बढ़ावा देंगे, जो आपकी आकांक्षाओं का विरोध करता है और धीरे-धीरे उन्हें बरबाद कर देता है।

प्रेरणा का कमजोर पक्ष

इच्छा-शक्ति के समान ही प्रेरणा का भी एक प्रमुख कमजोर पक्ष है। यह विफलता इसकी दुखती रग है और इस कारण ही यह भरोसे के लायक नहीं रहता है।

प्रेरणा के साथ बड़ी समस्या ही यही है कि यह पूरी तरह से आपके मन में होती है। इसके कारण यह किसी समय पर आपकी मनोदशा के अधीन होती है; एक ऐसी स्थिति, जो अनेक कारणों से बहुत हद तक प्रभावित होती है। उनमें से कुछ इस प्रकार हैं—

- तनाव
- डर
- गुस्सा
- भावनात्मक थकान
- मानसिक आघात
- आत्म-संदेह
- आत्म-आलोचना

- इंपोस्टर सिंड्रोम
- उदासी
- बर्नआउट
- नींद की कमी
- भूख
- पराजित महसूस करना।

ये कारक आपकी प्रेरणा के लिए विष के समान हैं। वे इसे नुकसान पहुँचाते हैं और आपको इस पर काररवाई करने से रोकते हैं। यही कारण है कि आप कुछ हासिल करने के लिए प्रेरित महसूस कर सकते हैं, फिर भी उस पर अमल करने में असफल हो जाते हैं।

उदाहरण के लिए, आप ऐसे कितने लोगों को जानते हैं, जो पैसे बचाने के लिए प्रेरित हैं, लेकिन बिना वेतन एक दिन भी नहीं जी सकते? आप ऐसे कितने लोगों को जानते हैं, जो दावा करते हैं कि वे फिट होना चाहते हैं, लेकिन कसरत करने के बजाय सोते रहते हैं? आप ऐसे कितने लोगों को जानते हैं, जो अपनी नौकरियों में प्रमोशन पाना चाहते हैं, लेकिन न्यूनतम कार्य करना जारी रखते हैं?

इसीलिए प्रेरणा अपने आप में व्यर्थ है। यह आपको कार्य करने के लिए प्रेरित और उत्साहित महसूस कराती है; लेकिन यदि आप इसका पालन करने में लापरवाही करते हैं तो ये भावनाएँ बेकार हो जाती हैं। दूसरी ओर, यदि आप जानते हैं कि आपको तत्काल तथा उद्‌देश्यपूर्ण काररवाई करने के लिए कहाँ से प्रेरणा प्राप्त करनी है, तो यह आपके आत्म-अनुशासन के उपायों में एक प्रभावशाली साधन हो सकती है।

आसान शब्दों में कहें तो प्रेरणा एक त्रुटिपूर्ण, लेकिन शक्तिशाली उत्प्रेरक है। यह क्षणभंगुर, अविश्वसनीय और अल्पकालिक है; लेकिन सही ढंग से उपयोग किए जाने पर लाभदायक है।

तीन झटपट उपाय, जो काम करने के लिए प्रेरित करते हैं

प्रेरणा भले ही कुछ पलों की साथी होती है, फिर भी आप इसे जीवन में लाने और अपने लाभ के लिए इसका उपयोग कर सकते हैं। आपको अपनी प्रेरणा के सामने आने या प्रेरणा के आने का इंतजार करने की जरूरत नहीं है। अगली बार जब आप उचाट और उदासीन महसूस करें तो इन तीन उपायों को आजमाएँ।

पहला, स्पष्ट रूप से समझें कि आप क्या हासिल करना चाहते हैं। अपने लक्ष्य को सटीक रूप से जानें और इसमें यह भी शामिल है कि इसे प्राप्त करने के लिए आपको क्या करना चाहिए! उस कारण को बताएँ, जो आपके लक्ष्य को शक्ति देता है। उदाहरण के लिए, 'वजन कम' करने के लिए प्रेरित होना कठिन है। 'अतिरिक्त चीनी न लेकर 20 पाउंड तक वजन करना, ताकि आप गरमियों में आकर्षक दिखें' प्रेरित होने के लिए अधिक आसान है।

दूसरा, ऐसा रुटीन बनाएँ, जिससे कि आप आवश्यक कदम उठा सकें। आपका रुटीन आपकी मनोस्थिति को ठीक रखेगा। उदाहरण के लिए, मान लीजिए कि आप गिटारवादक हैं और एक गीत लिख रहे हैं। आपके रुटीन में स्केल एवं मोड का प्रदर्शन करना और घर के एक खास कोने में रहकर आपका अपने पसंदीदा गाने गाते हुए नए-नए सुर छेड़ना शामिल हो सकता है। अपने मुख्य काम (इस मामले में—गीत लेखन) की तैयारी के रूप में अपने रुटीन का विचार कीजिए।

तीसरा, अपनी प्रेरणा को 'प्लान' करने के लिए कालखंडों का उपयोग करें। उन्हें अपने कैलेंडर पर लिखें, ताकि आप उन्हें भूलें नहीं या दूसरे काम उनसे अधिक प्राथमिक न हो जाएँ। आपका 'मन न करे' तब भी इन कालखंडों के दौरान अपने लक्ष्य से संबंधित किसी काम को अवश्य करें।

कई लोगों को लगता है कि पहले प्रेरणा मिलती है, फिर लोग काम करते हैं; लेकिन इसका ठीक उलटा होता है। पहले कर्म होता है और फिर प्रेरणा मिलती है। आपने एक बार कदम उठा लिया तो उस काम को जारी रखना आसान हो जाता है। आपकी शुरुआत के बाद प्रेरणा मिलती है। उदाहरण के लिए, कल्पना कीजिए कि आप एक उपन्यास लिख रहे हैं, लेकिन प्रेरित महसूस नहीं करते। कोरा कागज आप पर हँसता है। आपकी दीवार पर टिक-टिक घड़ी आप पर हँसती है। किसी दृश्य की शुरुआत को लिखें। कुछ डायलॉग्स लिखिए। अपने उपसंहार पर काम कीजिए। कुछ कीजिए। प्रेरणा अपने आप मिलेगी।

प्रेरणा आत्म-अनुशासन का एक सनकी और मनमौजी सहयोगी है। लेकिन इन उपायों से आप इसका लाभ उठाना सीख सकते हैं। यह ध्यान देने योग्य है कि प्रेरणा विज्ञान एक जटिल विषय है और हमने तो अभी इसे समझना भी शुरू नहीं किया है। लेकिन हमारी कवरेज आत्म-अनुशासन विकसित करने और इसे जीवन भर बनाए रखने के हमारे लक्ष्य के लिए पर्याप्त होगी।

□

आत्म-अनुशासन में बाधाएँ

~

"निराशावादी की बाधा आशावादी व्यक्ति के लिए लक्ष्य-प्राप्ति की सीढ़ी होती है।"

—एलेनोर रूजवेल्ट

जो यह दावा करते हैं कि आत्म-अनुशासन आसान है, उन्हें निश्चित रूप से यह पता नहीं कि अनुशासित जीवन जीने का क्या अर्थ है। अधिकांश लोग यह मानते हुए इसे इच्छा-शक्ति समझने की भूल करते हैं कि निरुद्‌देश्य प्रलोभनों का विरोध करने की उनकी क्षमता उन्हें अनुशासित बनाती है। कुछ लोग इसे प्रेरणा समझने की भूल करते हैं। उन्हें लगता है कि जो प्रेरणा उन्हें किसी खास पल में मिलती है, वह अनुशासन का संकेत है।

जैसा कि आप जानते हैं, इनमें से कोई भी सही नहीं है। इससे भी बुरी बात यह है कि ये झूठी मान्यताएँ आत्म-अनुशासन को अपनाने की दिशा में एक बाधा बन जाती हैं, क्योंकि वे इसके मूलभूत सिद्धांतों को अस्पष्ट कर देती हैं। अगर हम आत्म-अनुशासन को ठीक से नहीं जानेंगे तो हम इसे विकसित करने के लिए उचित कदम कैसे उठा सकते हैं?

वास्तविकता यह है कि आत्म-अनुशासन विकसित करना और इसे जीवन भर बनाए रखना कठिन है। आपको हर दिन ऐसी स्थितियों का सामना करना पड़ता

है, जो आपके प्रयासों को कमजोर करने की कोशिश करती हैं। आपको लगातार ऐसी परिस्थितियों से चुनौती मिलती है, जो आपके संकल्प को कमजोर करती हैं और आपको अपने लक्ष्यों से समझौता करने का प्रलोभन देती हैं।

इस कारण से परिस्थितियों को अपने पक्ष में रखकर इस यात्रा को शुरू करना बुद्धिमानी है। इसमें आपके सामने आने वाली सबसे आम बाधाओं को पहचानना और उनसे निपटने का निर्णय लेना शामिल है। नीचे, हम 8 सबसे बड़ी बाधाओं पर प्रकाश डालेंगे, जो आपके उद्देश्य को खतरे में डाल देंगी। मैं आपको उन्हें दूर करने के बारे में कई व्यावहारिक सुझाव दूँगा।

बाधा-1 : नकारात्मकता

हमारे मन की बनावट नकारात्मकता के प्रति अधिक संवेदनशील होती है। अनुकूल परिस्थितियों की तुलना में प्रतिकूल परिस्थितियाँ हम पर अधिक महत्त्वपूर्ण प्रभाव डालती हैं। प्रतिकूल घटनाएँ सकारात्मक घटनाओं की तुलना में हमारा ध्यान अधिक आकर्षित करती हैं (समाचार देने वाले संस्थान इसी के सहारे पनपते हैं)। हम ऐसी गपशप की ओर आकर्षित होते हैं, जिनमें सकारात्मकता से अधिक नकारात्मकता होती है।

यह नकारात्मकता आत्म-अनुशासन की विरोधी है। हमारी नकारात्मक भावनाएँ हमारे लिए तर्कसंगत व्यवहार करना कठिन बना देती हैं। हम विषम दृष्टिकोण से प्रभावित होकर गलत निर्णय लेते हैं और अपने आवेगों तथा आग्रहों पर नियंत्रण खो देते हैं।

नकारात्मक लोगों के साथ समय बिताने से यह समस्या बढ़ जाती है। उनकी नकारात्मकता एक वायरस की तरह फैलती है, जो आपके विचारों, भावनाओं और दृष्टिकोण को संक्रमित करती है। यह धीरे-धीरे आपकी इच्छा-शक्ति को समाप्त कर देती है और आपकी प्रेरणा समाप्त हो जाती है।

इसे कैसे दूर करें—सबसे पहले, अपने जीवन से नकारात्मकता के स्रोतों को हटा दें। इसमें ताजा घटनाओं से जुड़े समाचार, रेज-बेट पॉडकास्ट तथा यूट्यूब चैनल और वे लोग शामिल हैं, जो हमेशा निराशावादी, पराजयवादी या भाग्यवादी रहते हैं।

दूसरा, अपने जीवन में हर चीज के सकारात्मक पक्ष पर ध्यान दें। जिन

अच्छी चीजों का आप आनंद लेते हैं, उनके लिए कृतज्ञता प्रकट करें। कठिन परिस्थितियों में उनमें छिपी अच्छी बातों को पहचानने का प्रयास करें। आत्म-आरोप को सकारात्मक आत्म-चर्चा से बदलें।

तीसरा, पीठ पीछे सभी प्रकार की बातचीत से दूर रहें।

बाधा-2 : अवास्तविक लक्ष्य

हम लक्ष्य-प्राप्ति से प्रेरित रहते हैं। कुछ हासिल करना हमें सक्षम, योग्य और उत्पादक महसूस कराता है। हमारी सफलता हमें प्रेरित करती है, हमारे आत्म-मूल्य में सुधार करती है और हमें गति का एहसास देती है। यह हमें हमारे रास्ते में आने वाली किसी भी कठिनाई के बीच आगे बढ़ने के लिए प्रोत्साहित करता है।

अवास्तविक लक्ष्य निर्धारित करने से यह प्रक्रिया बाधित हो जाती है। सफलता पहुँच से दूर और असंभव तक हो जाती है। छोटी-छोटी जीतों का अनुभव करने और योग्य, सक्षम तथा उत्पादक महसूस करने के बजाय आप हार का अनुभव करते हैं और असहाय, अयोग्य एवं शक्तिहीन महसूस करते हैं। बार-बार निराशा और अधूरी अपेक्षाओं के हावी होने पर अनुशासित रहना कठिन होता है।

इसे कैसे दूर करें—बड़ी परियोजनाओं को छोटे-छोटे कार्यों में विभाजित करें। अपनी जीत के लिए छोटे तथा प्राप्त करने योग्य लक्ष्य बनाएँ।

उदाहरण के लिए, उपन्यास लिखने का लक्ष्य न रखें; इसके बजाय एक अध्याय लिखने का लक्ष्य रखें। 50 पाउंड वजन कम करने का प्रयास न करें। प्रति सप्ताह 1 पाउंड वजन कम करने का प्रयास करें। शुरुआत से ही 7 अंकों वाला व्यवसाय खड़ा करने का लक्ष्य न रखें। अपने पहले महीने के दौरान 500 डॉलर कमाने का संकल्प लें।

बाधा-3 : अपरिभाषित लक्ष्य

अनिश्चित लक्ष्य अवास्तविक लक्ष्यों की तरह ही नुकसानदेह होते हैं। उन्हें प्राप्त करना कठिन होता है, क्योंकि वे इतने अस्पष्ट होते हैं कि उनके अनुसार उपयुक्त कदम नहीं उठ पाते हैं। इसके अलावा, आपकी प्रगति पर नजर रखना और मापना आसान नहीं होता, क्योंकि वह बहुत व्यापक और अस्पष्ट होती है। ये लक्ष्य

डराने वाले प्रयासों में बदल जाते हैं, जो अंत में असंभव लगने लगते हैं। वे आप पर हावी हो जाते हैं, धीरे-धीरे आपका अनुशासन कम कर देते हैं और फिर आप हार मान लेते हैं।

उदाहरण के लिए, कल्पना करें कि आपका लक्ष्य 'अमीर बनना' है। अगर आप हर महीने पैसा बचाते और निवेश करते हैं, तो भी आप अपनी प्रगति पर नजर कैसे रखेंगे? आप कैसे जानेंगे कि आप सही रास्ते पर हैं? आपको कैसे पता चलेगा कि आपने अंत में यह लक्ष्य कब प्राप्त कर लिया है? क्या आप कभी 'अमीर' महसूस कर पाएँगे?

चूँकि कोई भी मील का पत्थर छोटी-छोटी जीत नहीं दिलाता, जिससे कि आपके प्रयासों को मान्यता मिले, इस कारण आपको कभी ऐसा नहीं लगेगा कि आप वास्तव में आगे बढ़ रहे हैं। आपकी प्रेरणा और इच्छा-शक्ति धीरे-धीरे तब तक कम होती जाएगी, जब तक कि आप हार न मान लें।

इसे कैसे दूर करें—निश्चित लक्ष्य निर्धारित करें, फिर पीछे की दिशा में काम करें और अपनी प्रगति का हिसाब रखने के लिए अलग-अलग मील के पत्थर तय करें। बोनस पॉइंट के लिए अपने लक्ष्य के साथ एक कारण को जोड़ें।

उदाहरण के लिए, 'अमीर बनने' की कोशिश की जगह 20,000 डॉलर की बचत करने का प्रयास करें। (आप जिस पर काम कर रहे हैं, उसके पूरा होने पर उससे ऊँचा लक्ष्य तय करें।) एक तारीख निश्चित करें, जब आप इस लक्ष्य को प्राप्त करना चाहेंगे। फिर स्पष्ट मील का पत्थर बनाएँ, जिस पर आप आगे बढ़ने के दौरान नजर रख सकें।

मान लीजिए, आपकी अंतिम तारीख आज से दो वर्ष बाद है। आप हर महीने किसी भरोसेमंद इंडेक्स फंड में निवेश कर 750 डॉलर बचा सकते हैं। आप जिस महीने ऐसा करते हैं, उस महीने आपको एक छोटी जीत मिलती है। इसका हिसाब रखना आसान है और यह आपको खर्च की अपनी आदतों में अनुशासित बनाए रखेगा।

खुद से सवाल कीजिए कि आप ऐसा क्यों करेंगे? उदाहरण के लिए, आप पैसे बचाएँगे, ताकि आप जल्दी रिटायर हो सकें। हर महीने छोटी-छोटी जीत का आनंद लेने के साथ ही यह उद्देश्य आपको जारी रखने के लिए प्रेरित व उत्साहित करेगा।

बाधा-4 : बहुत अधिक विकल्प

आमतौर पर विकल्प रखना बेहतर माना जाता है। लेकिन बात जब आत्म-अनुशासन विकसित करने की आती है, तो यह नुकसानदेह होता है। बहुत अधिक विकल्प मानसिक रूप से थकाने वाला होता है, जो आपके निर्णय लेने की क्षमता को दुर्बल बना देता है और आप ऐसे प्रलोभनों का सामना कर सकते हैं, जिनसे बचना आपके लिए बहुत कठिन होता है। यही कारण है कि शराब छोड़ने वालों से कहा जाता है कि वे बार से दूर रहें। यही कारण है कि नशे की लत छोड़ने वालों को सलाह दी जाती है कि वे दूसरे व्यसनियों से अपने संबंध तोड़ लें। फिर से नशे में पड़ने का आकर्षण बहुत अधिक होता है।

आत्म-अनुशासन विकसित करने और अपने आप को नियंत्रण में रखने के बाद आपके लिए अधिक विकल्प होना उतना खतरनाक नहीं रहता। आप आत्म-नियंत्रण पर भरोसा कर सकते हैं। आप अपनी इच्छाओं को निरंतर और विश्वास के साथ फिर से बुरी आदतों में फँसने की आशंका के बिना रोक सकते हैं; लेकिन तब तक बहुत अधिक विकल्प रखना आपको असुरक्षित स्थिति में ले जाता है।

उदाहरण के लिए, कल्पना कीजिए कि आप अपने आहार से चीनी को कम करने का प्रयास कर रहे हैं। आप ग्रोसरी स्टोर में जाते हैं और कैंडी वाले गलियारे में पहुँच जाते हैं, जहाँ वहाँ रखी स्वादिष्ट चीजों को आप ललचाई नजरों से देखते हैं। अगर आपने हाल ही में चीनी छोड़ने का संकल्प लिया है तो इन विकल्पों पर विचार करना खतरनाक होगा। यह बहुत लुभावना होता है और फिर से पुरानी आदतों में फँसने की आशंका बढ़ जाती है।

इसे कैसे दूर करें—अपने विकल्पों को कम करें। इससे पहले कि आप अपनी इच्छा-शक्ति और आवेग-नियंत्रण पर भरोसा कर सकें, आत्म-अनुशासन विकसित करते समय उन परिस्थितियों से बचें, जहाँ आपके पास बहुत अधिक विकल्प होते हैं।

उदाहरण के लिए, यदि आप डाइट पर हैं तो अपने ग्रोसरी स्टोर की कैंडी वाले गलियारे से दूर रहें। यदि आप पैसे बचाने का प्रयास कर रहे हैं तो खुदरा दुकानों की ओर जाने से तब तक बचें, जब तक कि आपको कुछ खरीदने की जरूरत न हो। यदि आप पढ़ने का प्रयास कर रहे हैं और आपका ध्यान तुरंत भटक जाता है तो उन जगहों से बचें, जहाँ बहुत लोग आते-जाते हैं और शोर के अनेक स्रोत होते हैं।

शुरुआत में अपने विकल्पों को सीमित करने से आप एक नियंत्रित माहौल में आत्म-अनुशासन का अभ्यास करते हैं। जैसे-जैसे आपका अनुशासन मजबूत होता जाता है, आप इसकी स्थिरता की परीक्षा के लिए चुनिंदा प्रलोभनों को चुन सकते हैं।

बाधा-5 : आवेगों से बँधी पहचान

आप स्वयं को जिस तरह से समझते हैं, उसका आपके निर्णयों, कार्यों और व्यवहार पर महत्त्वपूर्ण प्रभाव पड़ता है। शोध से पता चलता है कि यह आत्म-धारणा, जो मुख्य रूप से आपके पिछले विकल्पों, कार्यों और व्यवहारों से उत्पन्न होती है, आपके भविष्य के निर्णयों को बताती और नियंत्रित करती है।[8]

उदाहरण के लिए, यदि आपने लगातार जंक फूड के प्रलोभन के सामने आत्मसमर्पण कर दिया है तो आप खुद को ऐसा करने वाले व्यक्ति के रूप में देखना शुरू कर देंगे। यह आत्म-पहचान आपको भविष्य में जंक फूड के प्रति अधिक इच्छुक बनाती है। यह आपकी आत्म-छवि के साथ जुड़ जाती है।

आत्म-पहचान का प्रभाव दोनों तरह से काम करता है। यदि आपने लगातार जंक फूड के लालच का विरोध किया है तो आप खुद को ऐसे व्यक्ति के रूप में देखना शुरू कर देंगे, जो इस आवेग को नियंत्रित कर सकता है। इससे आपके संयम दिखाने की संभावना बढ़ जाती है (शोध इसका समर्थन करता है[9])। फिर यह आपकी आत्म-छवि के साथ जुड़ जाता है।

यदि आपकी पहचान किसी विशेष इच्छा या बुराई से जुड़ी है तो यह आपके आत्म-अनुशासन में हस्तक्षेप कर रही है। जब तक आप इस पर काबू नहीं पा लेते, यह बाधा बनी रहेगी।

इसे कैसे दूर करें—अपनी आत्म-छवि को उस अनुसार सुधारें और इसे सुदृढ़ करने की दिशा में छोटे-छोटे कदम उठाएँ।

उदाहरण के लिए, मान लें कि आप व्यायाम शुरू करना चाहते हैं और अब तक ऐसा जीवन जी रहे हैं, जिसमें सक्रियता बिल्कुल नहीं है। यदि आप अपने आप

---

8. फिशबैक, ए. और वूली, के. (2017)। स्वास्थ्य और कल्याण को बढ़ावा देने के लिए प्रलोभन का मुकाबला करना। रूटलेज ईबुक्स में (पृ. 167-179)।
9. ली, सी.; होचमैन, जी.; प्रिंस, एस.ई. और एरीली, डी. (2016)। स्व-संकेत के रूप में पिछले कार्य—स्व-रुचि वाले तरीके से कार्य करना वातावरण संबंधी निर्णय लेने को कैसे प्रभावित करता है। PLOS ONE।

को सोफे पर बैठने वाले व्यक्ति के रूप में देखते हैं तो अपने आप को व्यायाम करने वाले व्यक्ति के रूप में देखना शुरू करें; केवल व्यायाम करने की इच्छा न रखें। ऐसे व्यक्ति के रूप में अपनी पहचान बनाएँ, जो इसे प्रतिदिन करता है।

फिर एक योजना बनाएँ, जिसमें इस नई पहचान को सही साबित करने वाले छोटे-छोटे काम शामिल हों। आपकी योजना में छोटे-छोटे काम शामिल हो सकते हैं, जैसे जॉगिंग के जूते पहनना, स्ट्रेचिंग करना और तेज गति से 10 मिनट की सैर करना। एकदम आसान है। लेकिन इन चीजों को करने से आपकी नव-निर्मित पहचान को आकार मिलता है। वे आपकी दैनिक दिनचर्या के हिस्से के रूप में नियमों का रूप ले लेते हैं और इस तरह आपके खुद को देखने के नए तरीके को सुदृढ़ करते हैं।

इस नई पहचान के साथ आपके लिए अपने आवेगों को नियंत्रित करना बहुत आसान हो जाएगा। वैसे भी, उनके आगे झुकने से आपकी आत्म-छवि को खतरा होगा।

बाधा-6 : भावनात्मक आदतें

अपने पूरे जीवन में आपने सीखा कि किस प्रकार विशिष्ट भावनाओं पर विशेष रूप से प्रतिक्रिया देनी है। वर्षों तक बार-बार अभ्यास ने इन प्रतिक्रियाओं को मजबूत किया है, उन्हें आदतों में बदल दिया है। इनमें से कई आदतों की जड़ें उस समय आपकी भावनात्मक स्थिति में होती हैं।

उदाहरण के लिए, जब आप चिंतित महसूस करते हैं तो खाने की आदत विकसित कर लेते हैं। जब आप निराश महसूस करते हैं तो काम टाल देते हैं, या जब आप दु:खी महसूस करते हैं तो अपने फोन पर स्क्रॉल करते रहते हैं। हो सकता है कि जब आप बोर हो रहे हों तो आप फिजूलखर्ची में पैसे खर्च करें, या जब आप गुस्से में हों तो लापरवाही से गाड़ी चलाएँ अथवा जब आप भयभीत हों तो आक्रामक व्यवहार करें।

ये भावनात्मक आदतें आपके दिमाग में घर कर गई हैं। आप सोचते भी नहीं और आदत के अनुसार व्यवहार कर जाते हैं।

कभी-कभी उनसे मदद मिलती है। उदाहरण के लिए, डर आपको खतरे के प्रति अधिक सतर्क बना सकता है और आपको ऐसे कदम उठाने के लिए मजबूर

कर सकता है, जो आपको सुरक्षित रखते हैं। हालाँकि, इन आदतों के कारण आप अकसर अपने आवेगों के प्रति अधिक संवेदनशील हो जाते हैं। तनावग्रस्त होने पर वे इस प्रकार काम करते हैं कि आपके मस्तिष्क को आराम मिले। और भी विशेष रूप से बात करें तो यह कॉर्टिसोल के जबरदस्त प्रवाह की समस्या को दूर करता है, जो तनावग्रस्त होने पर आपके शरीर में उत्पन्न होता है। बड़ी बात यह है कि ये भावनात्मक आदतें आपके आत्म-अनुशासन को बाधित कर देती हैं। आपको आराम देने के प्रयास में आपका मस्तिष्क आपको अपने आवेग पर नियंत्रण छोड़ने के लिए प्रोत्साहित करता है।

इसे कैसे दूर करें—ऐसी नई आदतें बनाएँ, जो आपके आवेग-नियंत्रण को सुदृढ़ करती हैं। यह चार चरणों वाली एक प्रक्रिया है—

1. अपनी नकारात्मक भावनाओं और उनसे जुड़ी बुरी आदतों (उदाहरण के लिए, जब आप चिंतित हों तो जंक फूड खाना) के बीच संबंध को तोड़ दें।
2. बुरी आदतों को नए व्यवहार से बदलें (उदाहरण के लिए, जब आप चिंतित हों तो जंक फूड खाने के बजाय गहरी साँस लेने का व्यायाम करें)।
3. जब भी संबंधित नकारात्मक भावना मन में पैदा हो तो नए व्यवहार का अभ्यास करें।
4. पुराने व्यवहार के स्थान पर नए व्यवहार का सफलतापूर्वक अभ्यास करने के लिए अपने आप को पुरस्कृत करें।

आदत विकसित करना एक जटिल विषय है, जिसे उपर्युक्त से अधिक गहराई में जाकर समझने की आवश्यकता है। इसे समझे बिना अन्य किसी भी प्रकार से इसे देखना अपने हित में नहीं होगा। हालाँकि, आत्म-अनुशासन विकसित करने में आदतों की महत्त्वपूर्ण भूमिका को पहचानने से मदद मिलती है। (हम भाग-2 'आत्म-अनुशासन के निर्माण के 10 कदम' में आदतों पर अधिक चर्चा करेंगे।)

बाधा-7 : वर्तमान स्व-पक्षपात

मैंने वर्तमान पूर्वग्रह का उल्लेख 'आत्म-अनुशासन महत्त्वपूर्ण क्यों है' अध्याय में किया था। फिर से बता दें कि यह भविष्य के पुरस्कारों की तुलना में तात्कालिक पुरस्कारों को अधिक महत्त्व देने की प्रवृत्ति है। यह लक्षण सभी में होता

है और हर कोई इससे जूझता है।

यह प्रवृत्ति इस कारण बढ़ जाती है कि हम अपने वर्तमान स्व का पक्ष लेते हैं। हम भविष्य में क्या अनुभव करेंगे (जो विडंबनात्मक रूप से हमारे वर्तमान कार्यों और निर्णयों पर निर्भर है), इसकी तुलना में हमें यह चिंता अधिक रहती है कि हम इस समय क्या अनुभव करेंगे। हम स्वास्थ्य समस्याओं की चिंता किए बिना जंक फूड खाते हैं। हम भविष्य की वित्तीय समस्याओं की चिंता किए बिना फिजूलखर्ची करते हैं। हम इसकी चिंता किए बिना लापरवाही से गाड़ी चलाते हैं कि हम दुर्घटना में फँस जाएँगे।

अपने आवेगों को नियंत्रित करके और प्रलोभनों का विरोध करके आत्म-संयम दिखाने से हमारे भविष्य को लाभ मिलता है। चूँकि हम अपने वर्तमान 'स्व' को प्राथमिकता देते हैं, इस कारण लंबे समय में मिलने वाले पुरस्कारों को हम महत्त्व नहीं देते, कम-से-कम इतना तो नहीं कि हमारा व्यवहार पूरी तरह प्रभावित हो जाए। हम अपने निर्णयों के संभावित परिणामों को जानते हैं। फिर भी जब हमें काम करना चाहिए, तब हम डोनट खाने, नवीनतम स्मार्टफोन खरीदने और सोशल मीडिया पर स्क्रॉल करने का फैसला करते हैं।

यही कारण है कि आत्म-अनुशासन विकसित करना बहुत कठिन होता है, खासकर शुरुआत में। हम अपना जीवन अल्पकालिक पुरस्कारों के लिए और सच में उनके पीछे भागते हुए बिताते हैं। आत्म-अनुशासन को जीवन में लाने के लिए हमें वर्षों की प्रोग्रामिंग के विपरीत चलना पड़ता है।

इसे कैसे दूर करें—अपनी तात्कालिक इच्छाओं को पूरा करने के लिए अपने वर्तमान स्वयं के प्रयासों को विफल करें।

उदाहरण के लिए, अपनी वर्तमान इच्छा को पूरा करने से रोकने के लिए अपने घर से सभी जंक फूड्स को हटा दें। गैर-जिम्मेदाराना तरीके से पैसा खर्च करने की अपनी वर्तमान प्रवृत्ति को कम करने के लिए एक ऑटोमैटिक इन्वेस्टमेंट प्लान शुरू करें। एक वेबसाइट ब्लॉकर लगाएँ, जो आपके वर्तमान 'स्व' को ध्यान भटकाने वाली साइटों पर समय बरबाद करने से रोकता है।

जैसे-जैसे आप अपने आत्म-अनुशासन को मजबूत करते जाएँगे, आपकी वर्तमान इच्छाएँ कम परेशानी पैदा करेंगी और यह रणनीति उतनी तात्कालिक नहीं रह जाएगी। लेकिन शुरुआत में, अपने आवेगों को रोकने के लिए अपने वर्तमान 'स्व' को रोकना एक महत्त्वपूर्ण समाधान हो सकता है।

बाधा-8 : खुद को दोषी ठहराना

शर्म आपके मनोबल को तोड़ सकती है। यह आपको पंगु बना सकती है; क्योंकि आप पिछली गलतियों, दुर्व्यवहार और कथित कमियों के लिए खुद को दोषी ठहराते हैं। यह आपकी प्रेरणा को खत्म कर सकती है और आपकी इच्छा-शक्ति को पंगु बना सकती है; क्योंकि आप उन इच्छाओं एवं आवेगों पर ध्यान केंद्रित करते हैं, जो आपके लिए शर्मनाक हैं।

बहुत से लोग अनुशासित होने के लिए प्रोत्साहित करने को लेकर खुद को दोषी ठहराने पर भरोसा करते हैं। उदाहरण के लिए, डाइटिंग के दौरान डोनट खाना सिर्फ फैसला करने में क्षणिक चूक नहीं है; यह खुद को अपमानित करने का एक स्रोत बन जाता है। पैसे बचाने की कोशिश करते समय कुछ फालतू चीजें खरीदना केवल पल भर का तिरस्कार नहीं होता, यह आत्म-निंदा का कारण बन जाता है।

लेकिन शर्म आत्म-अनुशासन की साथी नहीं है। थोड़े समय तक ऐसा लग सकता है कि यह आवेग-नियंत्रण और आत्म-संयम में मदद कर रही है, लेकिन यह हमेशा ही नकारात्मक भावनाओं को लेकर आती है। यह अपराध-बोध, क्रोध और अवसाद के द्वार खोलती है; आग को भड़काती है। अपने आप को ऊपर उठाने, खुद को साफ-सुथरा और बेहतर बनाने के लिए प्रेरित महसूस करने के बजाय, आप अधिक अपमानित व निराश महसूस करते हैं।

खुद को दोषी ठहराने का एक और भी स्याह पक्ष है। हमारी कुछ गलतियाँ इतनी शर्मनाक होती हैं कि हम अपने लिए और दूसरों के लिए भी उन्हें स्वीकार करने से इनकार कर देते हैं। और हम ठोकर खाने पर भी इसे स्वीकार नहीं करते, तो हम उनके भीतर की समस्याओं को कभी दूर नहीं कर पाते हैं। उदाहरण के लिए, हम कभी भी उन संकेतों की पहचान नहीं करते हैं, जो जंक फूड खाने की हमारी सख्त जरूरत को ट्रिगर करते हैं। हम कभी यह नहीं समझ पाते कि हम फिजूल की चीजों पर पैसा क्यों खर्च करते हैं। कभी-कभी हमारी शर्मिंदगी इतनी अधिक होती है कि यह हमें अपनी गलतियों को नजरअंदाज करने के लिए मजबूर कर देती है, क्योंकि उनके डर से हम अपने वास्तविक रूप को देखने से पीछे हट जाते हैं।

इसे कैसे दूर करें—स्वीकार करें कि कभी-कभी आप भी लड़खड़ा सकते हैं। ऐसा जब भी हो तो खुद को खड़ा कर धूल झाड़ें और आगे की यात्रा शुरू करें।

शर्मिंदगी सभी को होती है। किसी-न-किसी स्तर पर हम सभी इसे महसूस करते हैं, क्योंकि हम कुछ फैसले और व्यवहार करते हैं, जिन पर बाद में पछतावा

होता है। यह अवश्यंभावी है और इनसान होने का एक हिस्सा है। शर्मिंदगी पैदा करने वाली बातों को कठोरता से अनदेखा करने के बजाय हमें उन्हें स्वीकार करना चाहिए और उनका सामना करना चाहिए। गलतियाँ सभी से हो सकती हैं, लेकिन उन्हें सुधारा भी जा सकता है। भविष्य में उनसे बचने का मंत्र यही है कि हम मानें कि हमसे गलती हुई थी।

कभी-कभी अपने आवेगों के आगे आप झुक जाएँगे। अपनी अच्छी मंशा के बावजूद कभी-कभार आप लड़खड़ाएँगे। आपका आत्म-नियंत्रण कभी-कभी डिग जाएगा। मूल समस्याओं या उन्हें पैदा करने वाली बातों को दबाएँ नहीं। उन्हें मान लें, स्वीकार करें, खुद को माफ करें और आगे बढ़ें, अगली बार बेहतर करने का संकल्प लें।

यह अध्याय लंबा रहा है। लेकिन हमने जिस सामग्री पर यहाँ चर्चा की, वह महत्त्वपूर्ण है। यह बहुत आवश्यक है कि आप अपने और आत्म-अनुशासन भरे जीवन के बीच आने वाली सबसे बड़ी बाधाओं के विषय में जानें। उनसे परिचित होना ही उन्हें दूर करने का एकमात्र रास्ता है।

सतर्कता से ही हम सुरक्षित रहते हैं।

□

भाग-2

आत्म-अनुशासन विकसित करने के 10 कदम

~

भाग-1 में हमने आधार तैयार किया। हमने आत्म-अनुशासन विकसित करने से संबंधित प्रत्येक प्राथमिक कार्य पर विस्तार से बात की। **भाग-2** में हम सारी बातों को अभ्यास में लाएँगे।

असली काम अब शुरू होता है।

आगे के पृष्ठों में मैं आपको आत्म-अनुशासन विकसित करने के 10 चरणों वाली प्रक्रिया से गुजारूँगा। मैं आपको वे सारे साधन दूँगा, जिनकी आपको जरूरत होगी और उन्हें लागू करने के उपाय बताऊँगा, जिससे आप अपने जीवन के इस क्षेत्र में व्यक्तिगत कायापलट कर सकते हैं।

आप जब तक भाग-2 पूरा करेंगे, आप अपने आवेगों को सफलतापूर्वक नियंत्रित करके अपने विचारों और भावनाओं को सँभालने के साथ ही अपने लक्ष्यों की दिशा में निरंतर प्रगति कर रहे होंगे।

हम शुरुआत करें, उससे पहले कुछ बातें झटपट—प्रत्येक खंड में एक अभ्यास शामिल है। मैं आग्रह करूँगा कि आप उसे पूरा करें। उनका लक्ष्य है कि जिस अध्याय में वे आते हैं, उनमें आप उपायों और सलाहों को लागू करें।

इन अभ्यासों को छोड़ने का लोभ आपको हो सकता है। याद रहे कि वे

बिल्कुल आसान हैं और उन्हें मिनटों में पूरा किया जा सकता है। सबसे महत्त्वपूर्ण रूप से, वे आपको सहायक प्रतीत होंगे। मेरा दृढ़ विश्वास है कि नई आदतों, रुटीन और प्रणालियों को विकसित करना है तो उन्हें लागू करना ही सबकुछ है। इन अभ्यासों को पूरा करना इसी सिद्धांत को मानता है।

अब यह तय हो गया है तो चलिए, कदम-1 की ओर बढ़ते हैं।

□

कदम-1 : छोटे, सोद्‌देश्य, प्राप्त करने योग्य लक्ष्य बनाएँ

"आप जो अभी चाहते हैं और जिसे सबसे अधिक चाहते हैं, उसके बीच चुनना ही अनुशासन है।"

—अब्राहम लिंकन

सभी के अपने-अपने लक्ष्य होते हैं, लेकिन वे दूरगामी लक्ष्य होते हैं। वे बताते हैं कि लोग पाँच, दस या उससे भी अधिक वर्षों में क्या हासिल करना चाहते हैं।

दूरगामी लक्ष्य अनिवार्य होते हैं, क्योंकि उनसे हमें एक लक्ष्य मिलता है। वे हमें उद्‌देश्य और दिशा देते हैं।

यहाँ समस्या दो तरह की है। पहली, ऐसे लक्ष्य बड़े व ऊँचे होते हैं; दूसरा, वे इतने दूर होते हैं कि उन्हें टालना आसान होता है। टाल-मटोल करना आसान होता है। दोनों ही समस्याएँ आत्म-अनुशासन की ओर आपकी यात्रा में आपकी मदद नहीं करतीं। वास्तव में, दूरगामी लक्ष्य इन्हें धीरे-धीरे महत्त्वहीन कर देते हैं।

उदाहरण के लिए, मान लीजिए कि आप 20 वर्षों में अपने सपनों का घर खरीदना चाहते हैं। यह अच्छी बात है और यह लक्ष्य भी सही है। लेकिन यह इतना

दुस्साहसी है कि यह आपके रोजाना के अनुभव से असंबद्ध है। यही नहीं, यह भविष्य में इतना दूर है कि इसकी परवाह न करना आसान है। जब आवेग-नियंत्रण और लाभ को टालने का अभ्यास किया जा रहा है, तब इनमें से कोई भी परिस्थिति सहायक नहीं होती। इनमें से कोई भी आपका हौसला अपने लक्ष्य के प्रति समर्पित रहने के लिए नहीं बढ़ाता है।

इसमें कोई आश्चर्य नहीं कि दूरगामी लक्ष्यों को हासिल करना व्यावहारिक रूप से एक घिसी-पिटी बात हो चुकी है। कोई आश्चर्य नहीं कि कई लोगों की योजनाएँ सपनों से अधिक नहीं रह जाती हैं।

लेकिन इसका एक आसान समाधान है और यह एक छोटे पैकेज में आता है।

अल्पकालिक, प्राप्त करने योग्य लक्ष्यों की शक्ति

दूरगामी लक्ष्यों की तुलना में अल्पकालिक लक्ष्यों के तीन लाभ होते हैं। पहला, वे प्राप्त करने योग्य होते हैं। आप उन नतीजों से चिंतित नहीं रहते, जो 20 वर्षों में मिल सकते हैं या नहीं भी मिल सकते हैं। आप आज, कल या हफ्ते अथवा महीने के अंत में जो हासिल करेंगे, उससे प्रेरित रहते हैं।

उदाहरण के लिए, आप इसके लिए चिंतित नहीं रहते कि अपने सपनों का घर खरीदने के लिए आपको 20 वर्षों में 10 लाख डॉलर बचाना है। इसके बजाय आपका ध्यान इसके लिए इस महीने 300 डॉलर अलग रखने पर रहता है। या इस हफ्ते बाहर खाने के बजाय घर पर ही अपना भोजन तैयार कर 50 डॉलर की बचत करने पर।

अल्पकालिक लक्ष्यों का दूसरा लाभ यह होता है कि वे वर्तमान में ही रहते हैं। वे आज, कल और परसों ही सोद्‍देश्य कदम उठाने पर विवश करते हैं। वे आपके दिमाग को यहीं और अभी के विचार से भर देते हैं, जिसके कारण इसकी आशंका कम हो जाती है कि आप उन्हें टाल देंगे।

उदाहरण के लिए, अगले कई वर्षों में जिस लक्ष्य को हासिल करने की आपकी संभावना बहुत कम है, उसे टाल देना बहुत आसान होता है। उस लक्ष्य को नजरअंदाज करना बहुत कठिन होता है, जिसे प्राप्त करने में आपके आज के कदम का प्रभाव पड़ता है। आपके लिए टाल-मटोल करने की आशंका बहुत कम होती है।

तीसरा लाभ यह है कि आपको तुरंत प्रतिक्रिया मिल जाती है। आप तुरंत जान लेते हैं कि आपके कदम आपको अपने लक्ष्य को प्राप्त करने के करीब ले जा रहे हैं या नहीं।

उदाहरण के लिए, मान लीजिए कि आप 50 पाउंड वजन कम करना चाहते हैं। आप खान-पान और व्यायाम से जुड़ी बहुत सारी चीजें कर सकते हैं; लेकिन यह जानना अकसर कठिन होता है कि आपके कदमों से फर्क पड़ रहा है या नहीं। यह जानना भी कठिन होता है कि आपके कदमों के सर्वोत्तम परिणाम मिल रहे हैं या नहीं। लेकिन आप अगर हर हफ्ते 2 पाउंड वजन कम करने पर ध्यान केंद्रित करेंगे तो आप लगभग तुरंत जान लेंगे कि आपके प्रयास प्रभावी हैं या नहीं, और आप उसमें आवश्यक फेर-बदल कर सकते हैं।

अल्पकालिक लक्ष्यों का एक सबसे बड़ा लाभ यह होता है कि उन्हें प्राप्त करने से आपको छोटी-छोटी जीतें हासिल होती हैं। इन जीतों से आपको बढ़ते रहने की प्रेरणा मिलती है। जब आपके लिए आगे बढ़ना कठिन होता है तो वे आपको प्रेरित करते हैं। वे आपको अपने आत्म-अनुशासन का निर्माण इस प्रकार करने में मदद करते हैं, जिनका मुकाबला दीर्घकालिक लक्ष्य कभी नहीं कर सकते।

लक्ष्य-निर्धारण पर क्रैश कोर्स

छोटे लक्ष्य तय करने का एक सही और एक गलत तरीका होता है। सही तरीका आपकी सफलता को निश्चित करता है। गलत तरीका व्यावहारिक रूप से नाकामी की गारंटी देता है। इस विषय पर पूरी-की-पूरी पुस्तकें लिखी गई हैं; लेकिन मैं यहाँ इस प्रक्रिया को सरल कर बता दूँगा, ताकि आप तुरंत शुरुआत कर सकें।

पहला, तय करें कि आप क्या प्राप्त करना चाहेंगे। इसे स्पष्ट रूप से परिभाषित करें, संक्षिप्त रखें और एक वाक्य में लिख दें।

दूसरा, उस कदम को पहचानें, जिसे अपने लक्ष्य को प्राप्त करने के लिए आपको नियमित रूप से उठाना होगा।

तीसरा, पता लगाएँ कि आप यह कैसे जानेंगे कि आप प्रगति कर रहे हैं। आपकी विशिष्टता आपका मार्गदर्शन करेगी।

चौथा, स्पष्ट जानें कि क्यों आप अपने छोटे लक्ष्य को प्राप्त करना चाहेंगे! अपने कारण को जानें। (इसके बारे में हम और अधिक कदम-3, स्पष्ट रूप से

समझें कि आप ऐसा क्यों कर रहे हैं, में जानेंगे।)

पाँचवाँ, अपने आप को एक समय-सीमा दीजिए। उदाहरण के लिए, आज सोशल मीडिया से बचें। शनिवार तक 2 पाउंड वजन घटाएँ। इस महीने के आखिर तक 200 डॉलर बचाएँ।

छठा, पता लगाएँ कि अपने लक्ष्य को प्राप्त करने के लिए आप क्या छोड़ेंगे! उदाहरण के लिए, ट्विटर या इंस्टाग्राम पर जाते ही आपका डोपामाइन चरम पर पहुँच जाता है। जंक फूड में स्वादिष्ट शुगर की जो उच्च मात्रा होती है। नए जूते, जिन्हें आप खरीदने को बेताब हैं।

एक बार जब आप अपने लक्ष्य तय कर लेते हैं तो उसे परिणत करने के लिए काम में जुट जाने का समय शुरू हो जाता है। लेकिन एकनिष्ठ उग्रता के जाल में फँसने से बचें।

उग्रता पर भारी पड़ती है निरंतरता

मेरी एक कमजोरी यह है कि मैं सिक्के का सिर्फ एक ही पहलू देखता हूँ। मैं जब किसी चीज पर ध्यान केंद्रित करता हूँ तो बाकी सबकुछ पृष्ठभूमि में चला जाता है। यह लाभप्रद लग सकता है, क्योंकि इस प्रकार की उग्रता सफलता दिला सकती है। है न?

अफसोस कि ऐसा नहीं होता।

मेरी संकुचित दृष्टि से कई दुष्प्रभाव जुड़े हैं। मेरे रिश्ते बिगड़ जाते हैं। मैं असंबद्ध कामों को छोड़ता जाता हूँ। मैं समय-सीमा में काम नहीं कर पाता। क्या मैं जो करने निकला था, उसे प्राप्त कर पाता हूँ? कभी-कभी। लेकिन मैं उतनी ही जल्दी विफल भी होता हूँ। दुर्भाग्य से मेरी एकनिष्ठता अकसर विफलता का कारण बन जाती है, क्योंकि मैं बड़ी तसवीर को नहीं देख पाता, जिसमें मेरा उद्देश्य भी शामिल है। इससे भी बुरा कि यह मेरी पूर्णतावादी प्रवृत्ति को भी जाग्रत् कर देता है।

अब आप कल्पना कर सकते हैं कि यह मेरे आत्म-अनुशासन को सुदृढ़ करने के लिए लगभग कुछ भी नहीं करता है। यदि यह कुछ करता भी है तो मेरे आत्म-अनुशासन की 'मांसपेशियों' को शक्तिहीन कर देता है; क्योंकि मेरे कर्म बहुत हद तक अदूरदर्शी होते हैं। किसी विशेष के प्रति गहरे झुकाव की इस प्रवृत्ति से मैं पूरा जीवन जूझता रहा हूँ। अब मैंने इस पर नियंत्रण पा लिया है और इस कारण

मैं कहूँगा कि आप मेरी इस सावधान करने वाली कहानी से सबक लें।

आप जब अपने लक्ष्यों की दिशा में काम करते हैं तो निरंतरता उग्रता से कहीं अधिक महत्त्व रखती है। पता लगाएँ कि आपको क्या करना ही चाहिए और फिर उसे हर दिन करें।

आपको परफेक्ट होने की जरूरत नहीं है। आपको बस निरंतर करते रहना है। आपकी निरंतरता आपको गति देगी। यह आपको छोटी-छोटी जीत को अनुभव करने का अवसर देगी, आपको आगे की ओर बढ़ाएगी। अच्छी खबर यह है कि छोटे-छोटे लक्ष्य आपको लगातार सक्रिय रखते हैं। वे आपको घबराने नहीं देते। वे आपको हार मानने से रोकते हैं। इसके बजाय वे आपको बढ़ते रहने की प्रेरणा देते हैं, क्योंकि सफलता दिलाने वाले छोटे-छोटे कदम सरल व सुगम होते हैं और उनसे ही आपको हाल-फिलहाल में सफलता मिली होती है।

आत्म-अनुशासन में कैसे सहायक होती आत्म-संवेदना

आप जब बार-बार विफल होते हैं तो क्या होता है? जब आप आवेग पर नियंत्रण नहीं रख पाते तो क्या करते हैं? अपने लक्ष्य के प्रति कभी-कभार अपने संकल्प के ढह जाने पर आपकी प्रतिक्रिया कैसी होनी चाहिए?

अपने आप को क्षमा कर दें। अपने प्रति संवेदना दिखाएँ। अपने आप को फिर से खड़ा करें और काम में जुट जाएँ।

अपने लक्ष्यों को प्राप्त करने की दिशा में आप जब काम करते हैं तो परफेक्ट होने की इच्छा स्वाभाविक है। लेकिन पूर्णता एक छलावा है। यह एक मृग-मरीचिका है। आपसे गलतियाँ होंगी। कभी-न-कभी आप लड़खड़ाएँगे। आप जब ऐसा करते हैं तो अपने आप को कोसिए मत। इसके बजाय, मानिए कि आप परफेक्ट नहीं हैं और कभी-कभी गलती हो सकती है; लेकिन आप अपने लक्ष्य के प्रति कर्मठ रहें।

आप जब अपने प्रति संवेदना दिखाते हैं तो अपने संकल्प को फिर से एक मौका देते हैं। आप खुद को यह समझाते हैं कि आत्म-अनुशासन विकसित करने के लिए पूर्णता आवश्यक नहीं है। इसके लिए निरंतरता व समर्पण चाहिए, और दोनों ही आपके नियंत्रण में हैं।

अभ्यास–1

इस अभ्यास के दो भाग हैं। हम एक छोटा लक्ष्य बनाने जा रहे हैं। फिर हम उसे प्राप्त करने की दिशा में कदम उठाएँगे।

पहला, तय करें कि आप क्या हासिल करना चाहेंगे! उसे स्पष्ट, संक्षिप्त और पैमाने में छोटा ही रखें। इसका उदाहरण है आपके घर के किसी एक कमरे को व्यवस्थित करना।

दूसरा, उस कदम को तय करें, जो आपको उठाना होगा। उदाहरण के लिए, 'प्रतिदिन एक वस्तु को हटाएँ।'

अपनी प्रगति का पता लगाने का एक रास्ता निकालें। आप नोट्स लिखने का तरीका अपना सकते हैं। या उस दिन जो कदम उठाना था, उसे पूरा करने के बाद कैलेंडर पर उस दिन को क्रॉस कर दें।

जानें कि आपने जो लक्ष्य बनाया है, उसे क्यों हासिल करना चाहते हैं! उसे सरल रखें। उदाहरण के लिए, ध्यान भटकाने वाली चीजों को दूर करने के लिए आप अपने घर के ऑफिस से अनावश्यक वस्तुओं को हटा सकते हैं।

एक समय–सीमा निर्धारित करें। अपने आप को अधिक छूट दिए बिना उसे युक्तिसंगत बनाएँ।

पता लगाएँ कि अपने लक्ष्य की प्राप्ति में आपको क्या त्याग करने पड़ेंगे। दोस्तों के साथ लंच पर जाना? अपनी सुबह की ड्रिंक? हर दोपहर के वे दस मिनट? इसे लिखें।

अब आपके अभ्यास का दूसरा भाग। अपने लक्ष्य की दिशा में बढ़ने के लिए, जो प्रतिदिन आवश्यक है, उसे करें। इस कदम को अपने ट्रैकर में लिखें।

आप जब इस अभ्यास को बार–बार करते हुए छोटे व सोद्देश्य लक्ष्यों को तय और प्राप्त करने लगेंगे तो आप पाएँगे कि आप यह सब स्वाभाविक रूप से कर रहे हैं। छोटी–छोटी जीत का जो अनुभव आप करेंगे, वे आपको पुरस्कृत करेंगी और आपके आत्म–अनुशासन को बल देंगी।

□

कदम–2 : अपनी प्रगति पर नजर रखने का एक तरीका बनाएँ

"प्रदर्शन को जब मापा जाता है तो प्रदर्शन बेहतर होता है। प्रदर्शन को जब मापा और फिर से बताया जाता है, तो सुधार की दर रफ्तार पकड़ लेती है।"

—पियर्सन का नियम

आत्म–अनुशासन के निर्माण में भूल–चूक होती रहती है। कुछ चीजें दूसरों से बेहतर काम करती हैं। कुछ चीजें आपके पक्ष में बिल्कुल काम नहीं करेंगी। यह जानने के लिए कि आप आगे बढ़ रहे हैं, परिणामों पर नजर रखना ही एकमात्र उपाय है। आपके पास अपने प्रयासों के परिणाम का पता लगाने का कोई–न–कोई तरीका होना चाहिए। आपका ट्रैकिंग सिस्टम यह बताएगा कि आप सही रास्ते पर हैं या फिर आपको उसमें फेर–बदल करने की आवश्यकता है।

अच्छी खबर यह है कि आपने लगभग अधिकांश काम पहले ही कर लिया है। आपने छोटे–छोटे लक्ष्य और उन्हें प्राप्त करने के लिए उठाए जाने वाले स्पष्ट कदमों को तय कर लिया है। अब हमें एक आसान–सा ट्रैकर बनाना है। हालाँकि, हम उसे बनाएँ, उससे पहले तीन सबसे बड़े कारणों की त्वरित समीक्षा कर लेते हैं।

अपनी प्रगति पर नजर रखने के आपके तीन कारण

अपने नतीजों पर नजर रखे बिना भी संभव है कि आप सफल हो जाएँ। लेकिन इसके लिए आपको एक कठिन लड़ाई लड़नी पड़ेगी। हमारे मन को यथास्थिति बनाए रखने की आदत होती है। अपनी प्रगति पर नजर रखकर आप इस प्रवृत्ति को दूर रख सकते हैं।

पहला, आपका ट्रैकिंग सिस्टम आपको जवाबदेह बनाएगा। इसके बिना आप जैसे–तैसे किसी का काम करने के प्रलोभन में आएँगे या जितना प्राप्त नहीं किया, उससे अधिक प्राप्त करने की सोच से खुद को मूर्ख बनाएँगे।

उदाहरण के लिए, कल्पना कीजिए कि आपने हर हफ्ते 2 पाउंड वजन घटाने का लक्ष्य निर्धारित किया है। आपके कदमों में से एक यह है कि आप दिन के खाने के बीच स्नैक्स नहीं खाएँगे। यदि आप अपने इस कदम पर नजर नहीं रखेंगे तो आप खुद को यह समझाएँगे कि इस हफ्ते के भोजन कम थे। इसलिए आज स्नैक्स खाने में कोई हर्ज नहीं है। निगरानी के बिना प्रलोभन के आगे झुककर उसे सही ठहराना आसान हो जाता है।

दूसरा आपका ट्रैकिंग सिस्टम आपको मुस्तैद रखने का भी काम करता है। आपने अपने लक्ष्य को प्राप्त करने के लिए जिस कदम को उसका अभिन्न अंग माना है, उसे उठाने पर आपको मजबूर करता है।

उदाहरण के लिए, मान लीजिए कि आप फिट होना चाहते हैं। अनेक कदमों में से आपका एक कदम प्रतिदिन 30 मिनट टहलना है। अगर आपने इस कदम पर नजर नहीं रखी तो आप उसे करना भूल सकते हैं। या याद आने पर इसे नहीं उठाएँगे, क्योंकि आप 'बहुत अधिक व्यस्त' हैं। जब ट्रैकर अपना काम करेगा तो आप कभी नहीं भूलेंगे। और अगर आपका ट्रैकर सचेत है तो आपके लिए उसे छोड़ने की आशंका कम हो जाएगी।

तीसरा और आखिरी कारण यह है कि जब कदम उठाने की आपकी इच्छा नहीं होगी, तब आपका ट्रैकिंग सिस्टम आपको उसे उठाने की दिशा में प्रेरित करेगा। हर दिन की सफलता की समीक्षा संतुष्टिदायक होती है और आपकी दैनिक उपलब्धियों की कड़ी जितनी लंबी होगी, आप उसे और लंबा करना चाहेंगे।

उदाहरण के लिए, मान लेते हैं कि आप अपने ऊपरी शरीर की ताकत को बढ़ाना चाहते हैं। आपने तय किया है कि दिन के कई कदमों में से एक यह होगा कि आप हर दिन 20 पुश–अप्स करेंगे। अगर आपका ट्रैकर दिखाता है कि आपने

15 दिनों तक लगातार पुश-अप्स किया है तो उस कड़ी को बनाए रखने के लिए ही सही, लेकिन आप उसे आज भी करना चाहेंगे। यह खुद पर बनाया गया दबाव होता है।

ऐसा ट्रैकिंग सिस्टम बनाएँ, जो आपके अनुकूल हो

आपकी प्रगति का पता लगाने के कई तरीके हैं—कुछ आसान तो कुछ लंबे-चौड़े। मैं आसान प्रणालियों को पसंद करता हूँ, क्योंकि उनमें भटकाव कम-से-कम होता है। यही नहीं, आजकल मैं काम को पूरा करने से अधिक और किसी बात पर शायद ही नजर रखता हूँ। आपके ट्रैकिंग सिस्टम में आपकी प्रवृत्तियाँ और पसंद तथा आप जिन पर नजर रखना चाहते हैं (इस पर कुछ ही देर में और बात करेंगे), वे दिखनी चाहिए।

चलिए, सबसे आसान प्रकार के ट्रैकिंग सिस्टम से शुरुआत करते हैं, जो एक कैलेंडर है। उत्पादकता के क्षेत्र में इसे कभी-कभी 'सीनफील्ड हैक' कहा जाता है। जब हास्य अभिनेता जेरी सीनफील्ड शुरुआत कर रहे थे तो वह लगातार नई सामग्री लिखना चाहते थे।

उन्हें खुद को ट्रैक पर रखने का एक तरीका चाहिए था। इसलिए उन्होंने एक बड़ा सा कैलेंडर दीवार पर टाँग दिया, जिसमें पूरे साल को दैनिक बॉक्स के माध्यम से प्रदर्शित किया जाता था। वह हर दिन एक नया चुटकुला लिखते थे और कैलेंडर पर उस दिन को एक बड़े लाल मार्कर से क्रॉस कर देते थे। लाल 'X' वाले निशानों की श्रृंखला जितनी लंबी होती गई, उन्होंने उसे न तोड़ने का दबाव उतना ही अधिक महसूस किया।

मुझे यह हैक बहुत पसंद है। मैंने जीवन भर इसका उपयोग किया है। लेकिन मान लीजिए, आप एक ऐसा ट्रैकर चाहते हैं, जो आपको अधिक लचीलापन दे, तो आइए, ऐसा ही एक ट्रैकर बनाएँ। मैं शुरुआत में इसे कागज पर करने की सलाह देता हूँ। एक बार जब आप एक ऐसा ट्रैकिंग सिस्टम डिजाइन कर लेते हैं, जिसके साथ आप सहज होते हैं, तो आप इसे एक स्प्रेडशीट में उसे डाल सकते हैं। आपको एक ऐसा ऐप भी मिल सकता है, जो आपकी आवश्यकताओं के साथ पूरी तरह मेल खाता हो। लेकिन आइए, शुरुआत करने के लिए कलम और कागज का उपयोग करें।

सबसे पहले, उन वस्तुओं को लिखें, जिनकी आप निगरानी करना चाहते हैं। हो सकता है कि आप केवल काम को पूरा करने से आगे जाना चाहें। उदाहरण के लिए, यहाँ ट्रैक करने योग्य संभावित चीजों की एक सूची दी गई है—

- आपकी भावनाएँ
- आपकी मानसिकता
- आंतरिक प्रतिरोध (जैसे आलस्य, आत्म-संदेह आदि)
- बाहरी प्रतिरोध (जैसे ध्यान भटकाना)
- आपकी ऊर्जा का स्तर
- दिन का वह समय, जब आप अपने चुने हुए कदम को उठाते हैं।

इसके बाद एक तालिका बनाएँ (कागज पर), जिसमें आप उस हर काम के नोट्स लिख सकें, जिसकी निगरानी आप करना चाहते हैं। इन नोट्स को बस संख्याओं के रूप में बताया जा सकता है—उदाहरण के लिए, कम ऊर्जा के लिए '1' और उच्च ऊर्जा के लिए '5'। ऐसा करने से आपको अधिक स्थान की आवश्यकता नहीं होगी। या आप चाहें तो कुछ शब्द भी लिख सकते हैं—उदाहरण के लिए, 'दोपहर के भोजन के बाद थकान महसूस कर रहा हूँ'। इस स्थिति में आपको अधिक स्थान की आवश्यकता होगी।

सबसे महत्त्वपूर्ण बात यह है कि आपका ट्रैकिंग सिस्टम आपके अनुकूल हो। अधिक जानकारियों को ट्रैक करने से कई बातें पता चलती हैं, लेकिन इसके लिए अधिक समय और प्रयास आवश्यक होता है। यह निर्णय आप ही ले सकते हैं कि उसे कहाँ तक ले जाना है। मैं फिर से कहूँगा कि मुझे एक साधारण ट्रैकर का उपयोग करना पसंद है, जो काम पूरा होने पर नजर रखता है। बस, इससे ज्यादा और कुछ नहीं। लेकिन शुरुआत में, मुझे ऊपर की सूची में लिखी बातों पर नजर रखना उपयोगी लगा।

अपनी प्रगति की निगरानी कब बंद करें

एक समय ऐसा आएगा, जब आपका ट्रैकिंग सिस्टम अनावश्यक हो जाएगा। इसका काम पूरा हो चुका होगा। इसने ट्रैक पर बने रहने में आपकी मदद की होगी और उस दौरान आपको उपयोगी जानकारी दी होगी। लेकिन अब आपको इसकी आवश्यकता नहीं पड़ेगी। वास्तव में उस समय अपने ट्रैकर पर भरोसा जारी रखना

फायदे से ज्यादा नुकसान पहुँचा सकता है। हो सकता है कि आप स्वयं को केवल इसलिए कार्य करते हुए पाएँ, क्योंकि आपका ट्रैकर आपको उन्हें करने की याद दिलाता है, भले ही वे शुरुआत की तुलना में अब इतने महत्त्वपूर्ण न हों।

उदाहरण के लिए, मान लीजिए कि आप हर दिन एक घंटे के लिए किसी विशेष विषय (उदाहरण के लिए, मध्य युग में यूरोपीय इतिहास) के बारे में पढ़ने का इरादा कर चुके हों। आप इसे हफ्तों तक सफलतापूर्वक करते हैं, इसके पूरा होने को रोजाना अपने ट्रैकर पर नोट करते हैं। लेकिन कुछ समय बाद आपकी इस विषय में रुचि खत्म हो जाती है। अन्य प्राथमिकताएँ आपके लिए अधिक महत्त्वपूर्ण हो जाती हैं। हो सकता है कि आप हर दिन केवल इसलिए पढ़ने में रुचि रखते हों, क्योंकि आपका ट्रैकर आपको ऐसा करने के लिए कहता है। इस मामले में आपके ट्रैकर की उपयोगिता समाप्त हो चुकी है। यह अब आपको अन्य मामलों पर ध्यान देने से विचलित कर रहा है।

आपका रुटीन अब आपके उद्देश्य पर हावी हो रहा है।

तो फिर, आपको अपनी प्रगति की निगरानी कितने समय तक करनी चाहिए? इसका सभी पर लागू होने वाला कोई एक उत्तर नहीं है। इसका यही उत्तर हो सकता है कि जब आप अभ्यस्त हो जाएँ और वही करें, जो आपको लक्ष्य-प्राप्ति की दिशा में ले जाए। अगर आप कोई सदा तक चलने वाला लक्ष्य भी तय करते हैं (जैसे कि स्वास्थ्यवर्धक आहार लेना), तब भी एक समय के बाद आपका ट्रैकर अपना महत्त्व खो देगा।

व्यवहार में परिवर्तन लाने का यह एक शानदार साधन है। यह नई आदतों को बनाता और उन्हें मजबूत करता है, विशेष रूप से उन क्षेत्रों में आत्म-अनुशासन विकसित करता है, जहाँ पहले उसकी कमी थी; लेकिन कुछ समय बाद आपके द्वारा किए गए परिवर्तन नई दिनचर्या का हिस्सा बन जाते हैं। आपका व्यवहार नई बातों को अपना लेता है। उस समय आपकी प्रगति की निगरानी कम-से-कम हर रोज के लिए तो समाप्त हो ही जाती है।

अभ्यास-2

आइए, एक ट्रैकिंग सिस्टम बनाएँ। जरूरी नहीं कि यह परफेक्ट हो। शायद ऐसा नहीं होगा, खासतौर पर अगर यह आपका पहला प्रयास है। इस अभ्यास का उद्देश्य कुछ ऐसा बनाना है, जिसका आप उपयोग कर सकें। इसे प्रोग्रेस ट्रैकर वर्जन 1.0 के रूप में देखें। आप इसमें कुछ विशेषताएँ बाद में जोड़ सकते हैं।

पहला कदम हर उस पहलू पर सोच-विचार करना है, जिस पर आप नजर रखना चाहते हैं। इसमें आपकी भावनात्मक स्थिति, प्रतिरोध के प्रकार (आंतरिक व बाहरी), दिन का समय, ऊर्जा स्तर आदि शामिल हो सकते हैं। जो कुछ भी मन में आ रहा हो, उसे लिख लें।

अभी उन पर नजर रखने के लिए आप बाध्य नहीं हैं। आप बस उन्हें लिख रहे हैं, ताकि आप उनके महत्त्व की समीक्षा कर सकें।

इसके बाद मॉनिटर करने के लिए तीन से अधिक क्षेत्रों को न चुनें। यदि आप चाहें तो केवल काम को लागू करने को चुनें।

अब, यह सोचें कि आपका आदर्श ट्रैकिंग सिस्टम कैसा दिखता है! डिजाइन जितना सरल होगा, उतना बेहतर होगा (कैलेंडर सबसे सरल होता है)। यदि आप एक से अधिक क्षेत्रों को ट्रैक करने का निर्णय लेते हैं तो आपको उतने कॉलम की आवश्यकता होगी। उन कॉलमों की चौड़ाई इस बात पर निर्भर करेगी कि आप संख्याओं का प्रयोग कर रहे हैं या शब्दों का। मैं यही कहूँगा कि आप दोनों के साथ प्रयोग करें, ताकि यह जान लें कि आपके सबसे अनुकूल कौन-सा है।

आपने यह अभ्यास पूरा कर लिया है। अब आप एक प्राथमिक ट्रैकिंग सिस्टम (प्रोग्रेस ट्रैकर वर्जन 1.0) से लैस हैं। संभव है कि आप अपने चुने हुए क्षेत्रों की निगरानी करते समय छोटे-मोटे बदलाव करना चाहेंगे।

आवश्यक समय : 15 मिनट

☐

कदम-3 : स्पष्ट रूप से समझें कि आप ऐसा क्यों कर रहे हैं

"निरुद्देश्य व्यक्ति बिना पतवार वाले किसी जहाज के समान होता है।"

—थॉमस कार्लाइल

क्या आपने कभी महसूस किया है कि अपने कॅरियर, रिश्तों, अपनी फिटनेस, भावनात्मक स्वास्थ्य या जीवन के किसी भी पहलू को लेकर आप फँस गए हैं? क्या आपके मन में कभी आया है कि आपको बदलाव करने की जरूरत है, लेकिन आप समझ नहीं पा रहे थे कि क्या करें? क्या आपने कभी महसूस किया है कि आप अस्तित्व की अनिश्चितता में फँस गए हैं और समझ नहीं पा रहे हैं कि कैसे मुक्त हुआ जाए?

यदि हाँ, तो इस बात की पूरी संभावना है कि आपने अपना कारण नहीं पहचाना है।

इस दिशा में पहला कदम यह समझना है कि आपको बदलाव करने की जरूरत है। (आप स्वीकार करते हैं कि आप अपने जीवन की गुणवत्ता में सुधार करना चाहते हैं।) दूसरा कदम यह पता लगाना है कि क्या बदलना है। (आप अपने

आत्म-अनुशासन पर काम करने का निर्णय लेते हैं।) अगला कदम इस परिवर्तन को करने के पीछे अपना कारण निर्धारित करना है। हो सकता है कि आप अपने 'क्यों' को तुरंत समझ न पाएँ।

लेकिन यह वही है और आपकी प्रेरणा को बढ़ावा दे रहा है। आगे मैं समझाऊँगा कि आपको इसकी जाँच-पड़ताल करने की आवश्यकता क्यों है, इसे कैसे ढूँढ़ना है और अपना आत्म-अनुशासन बनाने के लिए इसका उपयोग कैसे करना है!

इस 'क्यों' को जानना क्यों जरूरी है

महत्त्वाकांक्षाएँ रखना आसान है। लक्ष्य बनाना आसान है। अपने जीवन को बेहतर बनाने या बेहतर बनाने की आकांक्षा करना आसान है। इन उद्देश्यों को प्राप्त करने के लिए लगातार काररवाई करना कठिन है। और यदि आपके कारण स्पष्ट नहीं हैं तो लंबे समय तक यह लगभग असंभव है। यहाँ तक कि यदि आप भरपूर प्रेरणा, आशावाद और आत्मविश्वास के साथ शुरुआत करते हैं तो भी इसकी आशंका है (यहाँ तक कि संभावित) कि जब आप बाधाओं का सामना करेंगे तो आप हार मान लेंगे।

दूसरी ओर, यदि आपके पास कोई बाध्यकारी कारण है, जो आपको प्रेरित कर रहा है, तो हालात कठिन होने पर भी आप डटे रहने के लिए अधिक इच्छुक होंगे।

उदाहरण के लिए, कल्पना करें कि आप वजन कम करना चाहते हैं और सही आकार में आना चाहते हैं। आपने अपने स्वास्थ्य में सुधार करने और उससे होने वाले लाभों का आनंद लेने का निर्णय लिया है। आप प्रेरित महसूस करते हैं, उत्साहित रहते हैं, उस दिशा में काम करने को तैयार रहते हैं।

और तभी आप ऐसे प्रलोभनों का अनुभव करते हैं, जिनसे आपके रोके जाने का खतरा पैदा होता है। जंक फूड। नेटफ्लिक्स। वीडियो गेम। आपका बेहिसाब आरामदायक सोफा। यदि आप नहीं जानते कि क्यों आप अपने स्वास्थ्य में सुधार करना चाहते हैं, तो यह देखने वाली बात होगी कि आप इन प्रलोभनों के आगे समर्पण करते हैं या नहीं।

इसलिए आपको अपना कारण जानने की जरूरत है। आपका उद्देश्य क्या है?

आपकी प्रेरणा क्या है? क्या है, जो आपको काररवाई करने के लिए मजबूर कर रहा है? यदि आप इन प्रश्नों का उत्तर एकाग्रता व स्पष्टता के साथ दे सकते हैं तो आपके लिए अपने आवेगों का विरोध करना और आगे बढ़ना बहुत आसान हो जाएगा।

उदाहरण के लिए, मान लें कि आप अपना वजन कम करना चाहते हैं और सही आकार में आना चाहते हैं, क्योंकि ऐसा करने से आपको अपने पोते-पोतियों के साथ खेलने की ऊर्जा मिलेगी। या इससे आपको अपने जीवनसाथी के साथ बाहरी गतिविधियों का आनंद लेने का अवसर मिलेगा। ये बाध्यकारी कारण हैं। आप अन्यथा हार मान लेते, लेकिन वे आपका साथ देंगे और आपको अनुशासित रहने के लिए प्रोत्साहित करेंगे। आपका 'क्यों' आपको जुझारू बनाता है।

अपने 'क्यों' को कैसे पहचानें

अपने 'क्यों' की पहचान करना उतना आसान नहीं है, जितना लगता है। कई कारक जीवन में कुछ भी करने के आपके कारणों को बताते हैं। कुछ ऐसे हैं, जिन पर आसानी से ध्यान नहीं जाता। भले ही वे सतह के नीचे छिपे रहें, लेकिन शक्तिशाली होते हैं। शायद आपने कुछ समय से उनके बारे में नहीं सोचा है। फिर भी वे आपको प्रभावित करते हैं। और आप अपना जीवन बदलने के लिए क्यों मजबूर महसूस करते हैं, इसे समझने की चाबी उनके पास ही होती है।

आपकी धारणाएँ और मूल्य महत्त्वपूर्ण भूमिका निभाते हैं। शायद आप उनके साथ असमंजस का अनुभव कर रहे हों और कुछ सुधार करना चाहते हों।

आपकी रुचियाँ भी एक भूमिका निभाती हैं। हो सकता है कि आप किसी विशेष कौशल को सीखने या उसमें सुधार करने के लिए बेताब हों।

आपकी प्रतिभाएँ एक भूमिका निभाती हैं। शायद आप किसी विशिष्ट अभ्यास या संचालन में असाधारण रूप से निपुण हैं और सच्ची महारत हासिल करना चाहते हैं।

आपके रिश्ते और मजबूत पारस्परिक संबंधों की इच्छा एक भूमिका निभाती है। हो सकता है कि आपने गौर किया हो कि किसी विशेष मित्रता पर ध्यान देने की गंभीर आवश्यकता है।

अन्य कारकों के साथ ये सभी प्रेरणा के रूप में कार्य करते हैं। जब आप प्रलोभनों के आगे झुकना पसंद करते हैं तो वे आपको अनुशासित रहने का कारण

देते हैं। यह जानने के लिए कि आपको क्या प्रेरित करता है, अपने आप से निम्नलिखित प्रश्न पूछें—

बदलाव लाने की मेरी इच्छा के मूल में क्या है?

मैं कौन सा परिणाम प्राप्त करना चाहता हूँ? मैं यह परिणाम क्यों प्राप्त करना चाहता हूँ?

मैं जिस परिवर्तन पर विचार कर रहा हूँ, यदि उसे सफलतापूर्वक कर लेता हूँ तो यह स्थिति कैसी दिखेगी? यदि मैं कुछ नहीं करता तो यह स्थिति कैसी दिखती है?

यदि मैं यह परिवर्तन करूँ तो मुझे क्या लाभ होगा? क्या उनकी कीमत इस दिशा में किए जा रहे प्रयास से अधिक है?

यदि मैं कुछ नहीं करूँगा तो मुझे क्या परिणाम भुगतने पड़ेंगे? यदि मैं आगे बढ़ने का निर्णय लेता हूँ तो क्या वे मेरे त्याग से अधिक महत्त्व रखते हैं?

क्या मैं उस परिणाम से उत्साहित हूँ, जिसकी मैंने कल्पना की है?

क्या अपेक्षित परिणाम मेरे मूल्यों, दृढ़ विश्वासों और आदर्श आत्म-छवि के अनुरूप है?

इन प्रश्नों के उत्तर देने के बाद अपने सभी उत्तरों को निम्नलिखित वाक्य में समेट दें—

मैं {जो बदलाव करेंगे, उसे लिखें} करूँगा, क्योंकि {कारण लिखें}।

उदाहरण के लिए⋯

मैं फिट हो जाऊँगा, क्योंकि मैं अपने पोते-पोतियों के साथ खेलना चाहता हूँ। मैं प्रत्येक सप्ताह पैसे बचाऊँगा, क्योंकि मैं अपने पुराने लैपटॉप के स्थान पर एक नया लैपटॉप खरीदना चाहता हूँ।

मैं हर शनिवार को नाश्ते पर अपने माता-पिता से मिलूँगा, ताकि वे समझ सकें कि मेरे लिए वे कितने महत्त्वपूर्ण हैं!

हम आपके उत्तरों को एक वाक्य में सीमित कर रहे हैं, क्योंकि ऐसा करने से चीजें आसान हो जाती हैं। कोई भी निबंध कितना भी वाक्पटु क्यों न हो, आपको अनुशासित रहने के लिए बाध्य नहीं करेगा। लेकिन एक साधारण कथन ऐसा कर देगा। यह स्पष्ट व संक्षिप्त है और आपको इच्छित परिणाम पर ध्यान केंद्रित करने तथा उसकी ओर बढ़ने में मदद करेगा। जब आपके मन में कुछ और करने का प्रलोभन होगा तो यह आपको सही दिशा में बने रहने की याद दिलाएगा।

अभ्यास-3

चूँकि आप इस पुस्तक को पढ़ रहे हैं, इसलिए यह निश्चित है कि आप अपने आत्म-अनुशासन को विकसित और मजबूत करने के लिए प्रेरित होंगे। अब हम आपके 'क्यों' का पता लगाने जा रहे हैं।

सबसे पहले, अपने जीवन का वह क्षेत्र चुनें, जिसके लिए अनुशासित बनना और बने रहना सबसे महत्त्वपूर्ण है। शायद यह आपका स्कूल हो सकता है। शायद यह आपका कॅरियर हो सकता है, या शायद कोई खास रिश्ता, जिस पर ध्यान देने की जरूरत है। आत्म-अनुशासन आपके जीवन को कई तरीकों से बेहतर बनाएगा। लेकिन आइए, इस अभ्यास के लिए केवल एक पर ध्यान केंद्रित करें।

दूसरा, लिखिए कि आपके जीवन का यह पहलू क्यों महत्त्वपूर्ण है? यह स्पष्ट हो सकता है। (उदाहरण के लिए, 'बेशक, मेरा जीवनसाथी मेरे लिए महत्त्वपूर्ण है!') लेकिन शायद यह कम स्पष्ट भी हो। यदि हाँ, तो इसे लिखने से स्पष्टता मिलेगी। उदाहरण के लिए, 'मेरा कॅरियर मेरे लिए महत्त्वपूर्ण है, क्योंकि इससे मुझे अपनी जीवन-शैली के लिए पैसे मिलते हैं। यह मेरी आत्म-छवि को निखारता है और मुझे पूर्णता का एहसास कराता है।'

तीसरा, जिस बदलाव पर आप विचार कर रहे हैं, उसे लिख लें; शायद ऐसा परिवर्तन, जिसके लिए अनुशासन की आवश्यकता है। उदाहरण के लिए, 'मैं हर दिन एक घंटे पहले ऑफिस पहुँच जाऊँगा।'

चौथा, पहले सूचीबद्ध प्रत्येक प्रश्न का उत्तर दें। मेरा सुझाव है कि आप उन्हें लिख लें, ताकि आप आसानी से उनकी समीक्षा कर सकें।

पाँचवाँ, अपने उत्तरों के आधार पर निम्नलिखित कथन बनाएँ—

मैं {जो बदलाव करेंगे, उसे लिखें} करूँगा, क्योंकि {कारण लिखें}।

□

कदम–4 : प्रतिरोध का प्रबंधन करना सीखें

~

"अपने मानवीय स्वभाव से आप जिस प्रतिरोध का सामना करेंगे, उससे हतोत्साहित न हों, आपको अपनी मानवीय प्रवृत्तियों के विरुद्ध जाना ही चाहिए।"

—ब्रदर लॉरेंस

जब भी हम कोई कार्य, परियोजना या लक्ष्य हाथ में लेते हैं, जिसके लिए थोड़े से आत्म–अनुशासन की आवश्यकता होती है, तो हमें प्रतिरोध का सामना करना पड़ता है। यह प्रतिरोध हमें उस चीज से विमुख कर देता है, जिसे हम पूरा करना चाहते हैं। यह हमें प्रलोभित करता है। यह हमारा ध्यान भटकाता है। यह हमें पटरी से उतार देता है। किसी भी प्रयास में हमारी सफलता, चाहे छोटी हो या बड़ी, अकसर इस बात पर निर्भर करती है कि हम इस प्रतिरोध के विरुद्ध कार्य कर सकते हैं या नहीं।

कभी–कभी हम जिस प्रतिरोध का अनुभव करते हैं, वह हमारे भीतर से उत्पन्न होता है। हम भय, उदासी और अकेलेपन जैसी अपनी नकारात्मक भावनाओं से प्रभावित होते हैं। मानसिक तनाव और विनाशकारी सोच हम पर हावी हो जाती है। इस बीच अंदर से आने वाली एक आवाज हमारी आलोचना करती है, हमें बताती है कि हम इतने अच्छे नहीं हैं, और हमारे इरादों को विफल करने की कोशिश करती है।

कभी-कभी हमें जिस प्रतिरोध का सामना करना पड़ता है, वह हमारे परिवेश में होता है। सहकर्मी आकर बातचीत करने लग जाते हैं। ऐसी बैठकें आयोजित की जाती हैं, जिनसे कोई उद्देश्य पूरा नहीं होता। हमारे टेलीविजन, फोन और रेफ्रिजरेटर हमें लुभाते हैं। इ-मेल, सोशल मीडिया और हमारी पसंदीदा वेबसाइटें लगातार हमारा ध्यान भटकाने की कोशिश करती हैं।

प्रतिरोध वह बाधा है, जो हमें जल्दी उठने, अपनी डाइट पर टिके रहने, परीक्षा के लिए पढ़ने और गपशप करने के बजाय काम करने से रोकती है। यह हमें अपने घरों की सफाई करने, पैसे बचाने और जिम जाने से हतोत्साहित करता है। यह चुनौतीपूर्ण पुस्तकें पढ़ने, अपने समय का प्रबंधन करने और अपनी भावनाओं को नियंत्रित करने के हमारे इरादों को विफल कर देता है।

प्रतिरोध, चाहे वह हमारे भीतर उत्पन्न हो या हमारे वातावरण में, हमेशा हमारे आत्म-अनुशासन के विपरीत होता है। वे एक-दूसरे के विपरीत दौड़ते हैं। वे संघर्ष करते हैं। इसलिए, आत्म-अनुशासन विकसित करने के लिए हमें आंतरिक और बाहरी प्रतिरोध से निपटने के लिए व्यावहारिक रणनीति विकसित करने की आवश्यकता है।

आंतरिक प्रतिरोध पर काबू कैसे पाएँ

आंतरिक प्रतिरोध से निपटने के लिए सबसे प्रभावी रणनीति यह है कि आप जो हासिल करना चाहते हैं, उसे भावनात्मक प्रेरणा से जोड़ें। जब आपका उद्देश्य आपकी भावनाओं में निहित होता है तो आप पर इसका प्रभाव बढ़ता है। यह अधिक वजनदार लगता है। यह और अधिक परिणामी हो जाता है। यह बताता है कि विफलता की भारी कीमत चुकानी पड़ेगी।

आइए, उस उदाहरण पर लौटते हैं, जिसका प्रयोग हमने पिछले अध्याय में किया था—आप अपने पोते-पोतियों के साथ खेलने के लिए आवश्यक शक्ति पाने के लिए फिट होना चाहते हैं। इस इरादे में एक भावनात्मक घटक है। यही चीज आपको अपनी योजनाओं पर टिके रहने के लिए प्रोत्साहित करेगी। यदि आप असफल होते हैं तो आप अपने पोते-पोतियों के साथ बिताए गए समय का पूरा आनंद नहीं ले पाएँगे।

कल्पना कीजिए कि फिट होने की आपकी प्रेरणा पूरी तरह तार्किक थी। सही

आकार में आने से हृदय रोग का खतरा कम हो जाएगा। यह आपकी हृदय प्रणाली में सुधार करेगा। यह आपकी प्रतिरक्षा प्रणाली को बढ़ावा देगा। इसमें ऐसा कोई भावनात्मक घटक नहीं है, जो इन कारणों को इतना सम्मोहक बनाए। जब आप आंतरिक प्रतिरोध का अनुभव करते हैं तो वे इसका मुकाबला करने में आपकी उतनी सहायता नहीं करते हैं।

इसलिए आप जो भी हासिल करना चाहते हैं, उसके लिए भावनात्मक प्रेरणा को जोड़ें। क्या आप वजन घटाना चाहते हैं? आपके इरादे का भावनात्मक आधार क्या है? क्या आप अधिक अध्ययनशील बनना चाहते हैं? यदि आप असफल होते हैं तो इसके भावनात्मक परिणाम क्या होंगे? क्या आप फिजूलखर्ची के बजाय पैसे बचाना चाहते हैं? यदि आप कंगाल हो गए तो आपको किन नकारात्मक भावनाओं का सामना करना पड़ेगा?

आपकी भावनात्मक प्रेरणा वह प्रेरक शक्ति होगी, जो आंतरिक प्रतिरोध पर काबू पाने में आपकी मदद करेगी।

बाहरी प्रतिरोध का मुकाबला कैसे करें

बाहरी प्रतिरोध का मुकाबला करने का अर्थ बहुत हद तक सीमाएँ निर्धारित करना और उन पर टिके रहना है। इनमें से कुछ सीमाएँ पूरी तरह से व्यक्तिगत होंगी। वे आपके अलावा कम-से-कम सीधे तौर पर किसी को प्रभावित नहीं करेंगी। लेकिन उनमें से कुछ अन्य लोगों को प्रभावित करेंगी। उन्हें बनाए रखने के लिए यह आवश्यक होगा कि आप दूसरों की नाराजगी को कम-से-कम करें और दृढ़ व शालीन बने रहें।

पहले प्रकार की सीमा का एक उदाहरण, जो केवल आपको प्रभावित करता है, वह होगा आपका फोन। यदि यह आपका ध्यान भटकाता है तो इसे बंद कर दें। या जब आप काम कर रहे हों तो इसे किसी ऐसे स्थान पर रख दें, जो आपकी नजरों से दूर हो (उदाहरण के लिए, किसी दराज या कैबिनेट में)। उस सीमा को निर्धारित करें।

दूसरा उदाहरण आपकी रसोई या पेंट्री में मौजूद भोजन है। यदि आप जंक फूड से बचने की कोशिश कर रहे हैं तो उसे अपने घर से हटा दें। उस दायरे को तय करें।

एक और उदाहरण—आपकी इ-मेल। यदि आप हर दिन अपनी इ-मेल तीस बार देखते हैं और चाहते हैं कि ऐसा करना बंद करें तो अपनी इ-मेल को बंद करें और संकल्प लें कि उसे दिन में दो बार—सुबह 9 बजे और दोपहर 3 बजे चेक करेंगे। इस सीमा को निर्धारित करें।

अन्य लोगों से जुड़े बाहरी प्रतिरोध (गप लड़ाने वाले सहकर्मी, मीटिंग वगैरह) के बारे में क्या? एक बार फिर कहूँगा कि यहाँ भी आपको सीमाएँ निर्धारित करने की आवश्यकता होगी। लेकिन ऐसा आपको सूझ-बूझ और शालीनता का ध्यान रखते हुए करना होगा।

इसका एक उदाहरण वह बातूनी सहकर्मी है, जो गपशप करने के लिए अकसर आपके ऑफिस पहुँच जाता है। आपने समझ लिया है कि गपशप से कुछ भी हासिल नहीं होता है और आप इससे बचना चाहते हैं। ऐसा करने का एक उपाय यह है कि आप कहें कि आप उस व्यक्ति की गैर-मौजूदगी में उसके बारे में बात करने में असहज महसूस करते हैं। ऐसा करना दृढ़ता है, लेकिन सभ्य तरीका है।

एक अन्य उदाहरण किसी महत्त्वपूर्ण व्यक्ति का है, जो हमेशा टेलीविजन देखना चाहता है। दूसरी तरफ, आपने एक अच्छी पुस्तक पढ़ने का मन बना लिया है और इसे करने के लिए आपको अनुशासित होने की आवश्यकता है। आप उस व्यक्ति से कह सकते हैं, "अगर मैं तुम्हारे साथ नेटफ्लिक्स देखने से पहले 45 मिनट तक पुस्तक पढ़ लूँ तो तुम्हें आपत्ति तो नहीं होगी?" इस प्रकार आप एक सीमा तय कर रहे हैं और ऐसा विनम्रता के साथ कर रहे हैं।

आपको बाहरी प्रतिरोध से कभी छुटकारा नहीं मिलेगा। उस पर आपका कोई नियंत्रण नहीं होता। लेकिन आप उचित सीमाएँ निर्धारित करके और उन पर टिके रहकर उनके प्रभाव को कम कर सकते हैं। और जब आप उन सीमाओं के विषय में दृढ़तापूर्वक और विनम्रतापूर्वक बताते हैं तो आप पाएँगे कि अधिकांश लोग उनका सम्मान करते हैं।

अभ्यास-4

हम प्रतिरोध के इतने अभ्यस्त हो गए हैं कि हम शायद ही कभी इससे जुड़े पहलुओं का पता लगाते हैं। उदाहरण के लिए, हम जानते हैं कि अकसर हम प्रेरणाहीन महसूस करते हैं, लेकिन शायद ही कभी इसके पीछे के कारणों का पता लगाते हैं। हम मानते हैं कि हम मानसिक तनाव से जूझ रहे हैं, लेकिन हम उस तनाव के कारणों की पहचान करने के लिए शायद ही कभी समय निकालते हैं। हम जानते हैं कि काम के दौरान हमारा ध्यान लगातार भटकता रहता है, लेकिन हम व्यक्तिगत विकर्षणों को दूर करने में लापरवाही बरतते हैं।

इस अभ्यास में हम प्रतिरोध के उन मोहरों की पहचान करेंगे और उनका प्रबंधन करेंगे। आइए, उन कारकों की पहचान से शुरुआत करते हैं, जो आपके लिए आंतरिक प्रतिरोध पैदा करते हैं।

सबसे पहले, अपने जीवन का एक ऐसा क्षेत्र चुनें, जहाँ आपको अनुशासित रहना कठिन लगता है। हो सकता है कि इसमें आपके खान-पान या व्यायाम की दिनचर्या शामिल हो। शायद यह संगीत वाद्य-यंत्र बजाना सीखने की आपकी योजना से जुड़ा हो। ऐसा भी हो सकता है कि इसमें सोशल मीडिया पर विवादित विषयों पर राय देने के बजाय चुप रहने की आपकी इच्छा शामिल हो।

दूसरा, उन भावनाओं व संवेदनाओं को लिखें, जो आपको उन तरीकों से काम करने के लिए मजबूर करती हैं, जो आपकी मंशा के विपरीत हैं। उदाहरण के लिए, कल्पना करें कि आप गिटार बजाना सीखना चाहेंगे। लेकिन जब अभ्यास का समय आता है तो आप कुछ और करते हैं। क्या यह डर के कारण है? या अकेलापन? या फिर आलस्य? क्या आपको लग रहा है कि आप कभी सफल नहीं होंगे? इन सभी को लिखें।

तीसरा, इस पर मंथन करें कि आपके लक्ष्य के लिए भावनात्मक प्रेरणा क्या है? उदाहरण के लिए, हो सकता है कि आप अपने प्रियजनों को प्रभावित करने के लिए गिटार बजाना सीखना चाहते हैं, या हो सकता है कि आप किसी बैंड के साथ

लाइव शो में उसे बजाने की इच्छा रखते हैं। यह एक ऐसा अनुभव होगा, जो आपके अनुसार भावनात्मक रूप से आपको पुरस्कृत करेगा।

आप आंतरिक प्रतिरोध पर काबू पाने की राह पर हैं। तो आइए, अब उन वस्तुओं पर ध्यान केंद्रित करें, जो आपके लिए बाहरी प्रतिरोध का कारण बनती हैं।

एक बार फिर बता दें कि आप अपने जीवन के किसी ऐसे क्षेत्र को चुनकर शुरुआत करें, जिसमें अपने आवेगों पर काबू पाना आपको कठिन लगता है। उदाहरण के लिए, मान लीजिए कि आप वर्क फ्रॉम होम करते हैं और आपको ध्यान केंद्रित रखना तथा अपना काम पूरा करना मुश्किल लगता है।

हर उस चीज को लिखें, जो आपका ध्यान भटकाती है। उदाहरणों में, आपके बच्चे, आपका टेलीविजन या इंटरनेट शामिल हो सकते हैं। इनमें ग्राहकों एवं सहकर्मियों के इ-मेल और टेक्स्ट बिना बुलाए आने वाले दोस्त या अकसर आपका ध्यान आकर्षित करने वाला पालतू जानवर जैसी चीजें शामिल हो सकती हैं।

फिर इनमें से ध्यान भटकाने वाली इन बातों में से प्रत्येक के लिए एक उचित सीमा निर्धारित करें। उदाहरण के लिए, आप अपने बच्चों से कह सकते हैं कि जब तक कोई इमरजेंसी न हो, सुबह 9 बजे से 10.30 बजे के बीच वे आपको परेशान न करें। आप अपने इ-मेल और टेक्स्ट केवल सुबह 9 बजे, दोपहर 1.30 बजे तथा शाम 5 बजे चेक करें और जवाब देने का निर्णय लें। आप दोस्तों से कह सकते हैं कि वे आने से पहले आपको कॉल कर लें।

इन सीमाओं के साथ आप सभी प्रकार के बाहरी प्रतिरोध का मुकाबला करने के लिए तैयार हो सकते हैं।

आवश्यक समय : 20 मिनट

□

कदम–5 : अपने त्याग को स्पष्ट करें

"आप क्या चाहते हैं, यह जानने का आधा हिस्सा यह होता है कि उसे पाने से पहले आपको क्या छोड़ना होगा!"

—सिडनी हॉवर्ड

किसी भी प्रकार के व्यक्तिगत विकास के लिए त्याग की आवश्यकता होती है। यह त्याग अनेक रूपों में सामने आता है। कभी–कभी इसमें आपके कंफर्ट जोन से बाहर निकलना भी शामिल होता है।

कभी–कभी इसमें आपकी सहन–शक्ति या सहनशीलता की तय की गई सीमा से परे जाना शामिल होता है। यह आह्वान करता है कि आप डटे रहें और हार न मानें। अंत में यह आपसे अपेक्षा करता है कि आप दूरगामी बड़े लाभों को पाने के लिए थोड़े समय के सुखों को त्याग देंगे।

बचपन में हम में से अधिकांश को सिखाया जाता है कि हमें अपने प्रयासों में सफल होने के लिए 'त्याग और तप' करना होगा। हमें यह पता चलता है कि कुछ छोड़ने और सफल होने के बीच कारण एवं परिणाम का एक संबंध है। विश्व स्तरीय एथलीट को प्रतिस्पर्धा में बने रहने के लिए बलिदान देना होगा। एक सफल व्यवसाय खड़ा करने के लिए उद्यमी को त्याग करना होगा। शानदार प्रदर्शन करने वाले छात्र को बहुत अधिक अंक पाने के लिए त्याग करना होगा।

लेकिन इस बलिदान की प्रकृति हम में से प्रत्येक के लिए अलग-अलग और अकसर अस्पष्ट रहती है। हम शायद ही कभी इसे स्पष्ट रूप से समझते हैं। और अगर हम जानते ही नहीं कि सफल होने के लिए हमें क्या छोड़ना चाहिए, तो हम उसके लिए प्रतिबद्ध नहीं हो सकते हैं। किसी विशेष लक्ष्य के लिए खुद को समर्पित करना अच्छा है, लेकिन पर्याप्त नहीं है। इच्छुक होना अच्छा है, लेकिन वही काफी नहीं होता। यह सम्मानजनक होता है, लेकिन अपर्याप्त होता है।

तो चलिए, जानते हैं कि आत्म-अनुशासन विकसित करने के लिए आपको क्या कुछ छोड़ना पड़ सकता है।

आत्म-अनुशासन की आपको कितनी कीमत चुकानी पड़ेगी ?

प्रमुख रूप से यह आपके लक्ष्यों पर निर्भर करेगा। आपके त्याग की प्रकृति और उसका स्तर इससे स्पष्ट होगा कि आप क्या हासिल करना चाहते हैं!

उदाहरण के लिए, मान लें कि आप एक उपन्यास लिखना चाहते हैं।

ऐसा करने की निम्नलिखित कीमतें चुकानी पड़ सकती हैं—

- रिश्ते (दोस्त व परिवार आपको याद करेंगे)
- नींद (समय-सीमा क्रूरता से काम करवाती है)
- अहंकार (दूसरे आपके काम की आलोचना करेंगे)
- पैसा (लेखन में कमाई कठिन है)
- शौक (एक दिन में केवल 24 घंटे ही होते हैं)।

या मान लीजिए कि आप फिट होकर सही आकार में आना चाहते हैं। कई वर्षों से आप बिना व्यायाम एक स्थिर जीवन-शैली जी रहे हैं, तो फिर आपको बहुत कुछ करना होगा। प्रतिबद्ध और अनुशासित रहने के लिए आपको निम्नलिखित कीमतें चुकानी पड़ सकती हैं—

- नींद (व्यायाम करने के लिए आपको जल्दी उठना पड़ सकता है)
- आपकी पसंदीदा चीजें (डोनट्स मेन्यू से बाहर हैं)
- सामाजिक कार्यक्रम (जन्मदिन की पार्टियाँ जोखिम भरी हैं)
- व्यक्तिगत बुरी आदतें (धूम्रपान और शराब पीना बंद)
- समय (रेस्टोरेंट से खाना लाने के बजाय खुद पकाना)।

आपको यह पता लगाना होगा कि आपको क्या छोड़ना होगा। आप अपनी

ओर से छोड़ी जानेवाली चीजों का पता लगाकर ऐसे अपरिहार्य कठिन समय का सामना बेहतर ढंग से कर पाएँगे, जिन्हें टाला नहीं जा सकता।

उदाहरण के लिए, मान लीजिए कि आपकी अलार्म घड़ी सुबह 5 बजे बजती है, क्योंकि यही समय होता है, जब आप व्यायाम कर सकते हैं। आप थके हुए और सुस्त रहते हैं। आपको कुछ भी साफ नहीं दिखता। जिम जाने के लिए अपने गरम बिस्तर छोड़ने में आपको बहुत अधिक प्रयास करना पड़ता है। लेकिन इस कीमत को लेकर अगर आप पहले से जागरूक रहेंगे तो आपके लिए अपने लक्ष्य के प्रति दृढ़ रहना आसान हो जाता है। अच्छा तो यह तब भी नहीं लगता, लेकिन अनुशासित रहना आसान है।

क्या इस बलिदान की कीमत आपको चुकानी चाहिए?

आपने पहचान लिया है कि अपने लक्ष्य को पूरा करने के लिए अनुशासित और समर्पित रहने के लिए आपको क्या छोड़ना होगा! अब यह निर्धारित करने का समय आ गया है कि आप यह बलिदान देने को तैयार हैं या नहीं।

स्पष्ट रूप से कहें, आप यह कितना बुरा चाहते हैं?

कुछ त्याग आपके लिए आसान हो सकते हैं, या कम-से-कम वे आसान निर्णय हो सकते हैं।

उदाहरण के लिए, आपके डॉक्टर ने आपको लंबा और स्वस्थ जीवन जीने के लिए धूम्रपान छोड़ने की सलाह दी है या आपने यह तय कर लिया है कि आपको आज से ही अपने बच्चे की कॉलेज शिक्षा के लिए पैसे बचाने की जरूरत है। किसी विशेष बुराई को छोड़ना या नई कार की खरीदारी को छोड़ना आसान नहीं हो सकता। लेकिन अगर ऐसा करना बहुत आवश्यक है तो यह एक आसान निर्णय होगा।

कुछ दूसरे त्याग और भी जटिल हैं। निर्णय आपके लक्ष्य की प्राथमिकता या बलिदान की प्रकृति के कारण बहुत कठिन हो जाते हैं।

उदाहरण के लिए, मान लें कि आप अपनी नौकरी छोड़कर अपना व्यवसाय शुरू करना चाहते हैं। यहाँ इस कदम के साथ-साथ आपको शायद इन चीजों को छोड़ना होगा—

- कॅरियर
- नींद

- आय
- रिश्ते
- स्थिरता
- नेटफ्लिक्स देखना
- सामाजिक समारोह
- आपका स्वास्थ्य (तनाव एवं थकान का काफी असर पड़ता है)।

क्या आप व्यवसाय शुरू करने के लिए इन चीजों को छोड़ने को तैयार हैं? क्या आप यह जानते हुए भी उनका त्याग करने के लिए तैयार हैं कि अधिकांश नए व्यवसाय विफल हो जाते हैं?[10] इस प्रश्न का ईमानदारी से उत्तर देने का एकमात्र तरीका यह जानना है कि आपको वास्तव में क्या छोड़ना होगा।

आपको अपने संभावित बलिदान की प्रकृति एवं मात्रा को स्पष्ट करना होगा, अन्यथा आपको अनुशासित और अपने लक्ष्य के प्रति प्रतिबद्ध रहने के लिए एक बड़ा संघर्ष करना पड़ेगा।

जब आपका विश्वास, योजना और उद्देश्य एक हो जाएँ

उपर्युक्त उदाहरण (व्यवसाय शुरू करना) में मैंने यह जाने बिना कि आप सफल होंगे या नहीं, त्याग करने की संभावना का उल्लेख किया है। यह एक महत्त्वपूर्ण बिंदु है, जिसका विश्लेषण बारीकी से किया जाना चाहिए।

हम इस बात को लेकर आशावादी रहते हैं कि वर्तमान में हमारे प्रयास भविष्य में सफलता का आधार तैयार करेंगे और निश्चित रूप से यह आशावाद अकसर अच्छी तरह से फलीभूत भी होता। जो एथलीट लगातार अभ्यास करता है, वह उच्च स्तर पर प्रतियोगिता में हिस्सा लेता है। जो विद्यार्थी लगातार पढ़ाई करता है, उसे अधिक अंक मिलते हैं। जो डाइट पर रहकर जंक फूड से परहेज करता है, उसका वजन कम होता है।

लेकिन कभी-कभी भविष्य का अनुमान लगाना कठिन हो जाता है। इसका इतना भरोसा नहीं किया जा सकता। ऐसी संभावना है कि वर्तमान में आत्म-अनुशासन का अभ्यास आपको आपकी इच्छा के अनुसार परिणाम न दे।

---

10. डेल्फिनो, डी. (2023)। विफल होने वाले व्यवसायों का प्रतिशत—और अपनी सफलता की संभावनाओं को कैसे बढ़ाया जाए। 'लेंडिंग ट्री'। https://www.lend ingtree.com/business/small/failure-rate/

उदाहरण के लिए, मान लें कि आप अपने बच्चे की कॉलेज की पढ़ाई के लिए पैसे बचाने के लिए प्रतिबद्ध हैं। इस उद्देश्य को ध्यान में रखते हुए आप फालतू खरीदारी को छोड़ देते हैं और म्यूचुअल फंड में मासिक निवेश करते हैं। लेकिन अर्थव्यवस्था की स्थिति अच्छी नहीं, और मान लीजिए कि म्यूचुअल फंड आपके वित्तीय लक्ष्य को पूरा करने के लिए आवश्यक रिटर्न देने में विफल रहते हैं। तो जरा सोचिए कि इन खेदजनक परिस्थितियों में अनुशासित रहना कितना कठिन होगा।

आपका विश्वास, योजना और उद्‌देश्य आपको उस समय कर्मठ रहने के लिए उत्साहित करेंगे, जब आप छोड़ देने के लोभ में आएँगे।

वे नकारात्मक भावनाओं को आपकी ओर से अपना अनुशासन छोड़ने से रोकेंगे।

उदाहरण के लिए, आपके म्यूचुअल फंड के निराशाजनक रिटर्न के बावजूद आपको अब भी शेयर बाजार पर भरोसा है। आप जानते हैं कि शेयर बाजार पिछले 100 वर्षों में लगातार बढ़ा है और आगे भी बढ़ते रहने की संभावना है। इस बीच हर महीने निवेश करने की आपकी योजना, जो डॉलर लागत औसत का एक रूप है, वह उस समय भी एक अच्छी रणनीति बनी हुई है, जब बाजार में विशेष रूप से उतार-चढ़ाव होता है। अंत में आपका उद्‌देश्य नहीं बदला है। आप अब भी अपने बच्चे की कॉलेज शिक्षा के लिए धन जुटाने का इरादा रखते हैं।

ये तीन तत्त्व—आपका विश्वास, योजना और उद्‌देश्य—आपके आत्म-अनुशासन के लिए आधार के रूप में काम करते हैं। वे आपके आवेग-नियंत्रण, संयम तथा आपके लक्ष्य के प्रति समर्पण को मज़बूत करते हैं और उन परिणामों से निपटने में आपकी मदद करते हैं, जो आपकी अपेक्षाओं को पूरा करने में विफल होते हैं। अपने आप को उनकी वैधता की याद दिलाकर आप अपनी राह पर आसानी से बने रहेंगे, साथ ही आश्वस्त रहेंगे कि आपके बलिदान समझदारी भरे हैं।

अभ्यास-5

यह व्यायाम सरल, त्वरित और आसान है। एक कलम और कागज का पैड लें।

सबसे पहले एक लक्ष्य चुनें, जिसे आप हासिल करना चाहते हैं।

दूसरा, उन चीजों पर मंथन करें, जिन्हें आपको इस लक्ष्य का पीछा करते समय छोड़ना होगा। उन्हें लिख लीजिए। पर्याप्त समय लीजिए।

संभव है कि जिन वस्तुओं का आपको त्याग करना होगा, वे तुरंत स्पष्ट नहीं होंगी।

अंत में अपनी सूची की समीक्षा करें। आपके द्वारा लिखी गई प्रत्येक वस्तु के लिए अपने आप से निम्नलिखित दो प्रश्न पूछें—

1. क्या मैं अपने लक्ष्य को प्राप्त करने के लिए इसे छोड़ने को तैयार हूँ?
2. अगर सफलता की गारंटी नहीं है तो क्या मैं इसे छोड़ने को तैयार हूँ?

यह पता चले कि कोई छोड़ी जाने वाली चीज बहुत बड़ी है, तो इसमें कोई शर्म की बात नहीं है। महत्त्वपूर्ण बात यह है कि आप समय से पहले उन्हें त्याग देने के बारे में जानते हैं और इस अंतर्दृष्टि से युक्त होकर इस बारे में व्यावहारिक निर्णय ले सकते हैं कि आपको आगे बढ़ना चाहिए या नहीं।

आवश्यक समय : 10 मिनट

□

कदम-6 : '10-10-10' नियम का उपयोग करें

"आपकी जीवनी आपकी नियति नहीं होती, आपके निर्णय होते हैं।"

—टोनी रॉबिंस

आत्म-अनुशासन की चर्चा आमतौर पर संयम, लचीलेपन और दृढ़ता के संदर्भ में की जाती है। ये विशेषताएँ वास्तव में इसके मूल में व्याप्त हैं; लेकिन जब आप उन्हें हटा देते हैं तो आत्म-अनुशासन अपने सबसे बुनियादी स्तर पर निर्णय लेने का हिस्सा बन जाता है। आपके निर्णय अंत में संतुष्टि में देरी करने की आपकी क्षमता और इच्छा को परिभाषित व प्रदर्शित करते हैं। आप आत्म-संयम दिखाते हैं, अपने लक्ष्य पर टिके रहते हैं।

हर दिन आपको ऐसी स्थितियों में रखा जाता है, जहाँ आपको प्रतिस्पर्धी विकल्पों में से किसी एक को चुनने की आवश्यकता होती है। आप या तो अपनी योजनाओं के प्रति प्रतिबद्ध रहते हैं या आग्रहों और प्रलोभनों के आगे झुक जाते हैं। झुकने का अर्थ है, आप कम-से-कम अस्थायी रूप से अपनी योजनाओं को छोड़ देते हैं।

इस बिंदु तक आपने विशिष्ट तथा प्राप्त करने योग्य लक्ष्य निर्धारित कर लिये हैं और यह पता लगा लिया है कि आप क्या हासिल करना चाहते हैं। आपके मन में

अपने आदर्श भविष्य की स्पष्ट छवि है। अपने आदर्श भविष्य के लिए कौशल और आदतों को विकसित करने के साथ ही अपने भीतर सुधार लाने के लिए आपको अभी से कई निर्णय लेने होंगे।

'10-10-10' नियम आपके लक्ष्यों के अनुरूप निर्णय लेने में आपकी मदद करने के लिए एक बेशकीमती साधन है।[11] यह साधन आपको अपनी योजनाओं पर टिके रहने के लिए प्रोत्साहित करेगा, विशेष रूप से जब आप डटे रहने और अपने मन में उठने वाली इच्छाओं के आगे झुकने के बीच झूल रहे हों।

'10-10-10' नियम को समझें

हम अकसर भावनात्मक रूप से निर्णय लेते हैं। यह अपने आप में न तो अच्छा है और न ही बुरा। हम जो हैं, हमारी भावनाएँ मूल रूप से उसका हिस्सा होती हैं। वे हमारी मानवता के लिए आवश्यक हैं।

लेकिन हमारी भावनाएँ वर्तमान का पक्ष लेती हैं। वे इस बात पर ध्यान केंद्रित करती हैं कि अभी क्या हो रहा है, और बेहतर महसूस करने के लिए सबसे तेज रास्ते को लेने की सलाह देती हैं। यही कारण है कि कई लोग तनाव महसूस होने पर जंक फूड खाते हैं। यही कारण है कि कुछ लोग क्रोधित होने पर दूसरों पर हमला कर देते हैं। यह दबाव को कम करने के लिए किसी वॉल्व को खोलने जैसा होता है।

यदि आपने अपनी भावनाओं को अपने निर्णय लेने की अनुमति दी तो खेदजनक स्थितियाँ पैदा होंगी। '10-10-10' नियम इस समस्या का समाधान करने के लिए आपके दृष्टिकोण को विस्तार देता है और आपको उत्साहित करता है कि आप तर्क का उपयोग करें, ताकि आपकी भावनाओं की शक्ति कम हो। यह इस प्रकार काम करता है—

जब भी आपके सामने अपनी योजनाओं पर टिके रहने या अपने आवेगों के आगे हथियार डालने के बीच कोई विकल्प हो तो अपने आप से निम्नलिखित तीन प्रश्न पूछें—[12]

---

11. '10-10-10' नियम 'हार्वर्ड बिजनेस रिव्यू' की पूर्व मुख्य संपादक सूजी वेल्च ने विकसित किया था।
12. वेल्च का मूल '10-10-10' नियम लंबी समय-सीमा का उपयोग करता है—10 मिनट, 10 महीने और 10 साल। मैंने छोटी समय-सीमाएँ अपनाई हैं, जो हमारे उद्देश्यों के लिए अधिक उपयुक्त हैं।

1. मैं अपने निर्णय के बारे में 10 मिनट बाद कैसा महसूस करूँगा?
2. मैं अपने निर्णय के बारे में 10 घंटे बाद कैसा महसूस करूँगा?
3. मैं अपने निर्णय के बारे में 10 दिनों बाद कैसा महसूस करूँगा?

यदि आप अपनी इच्छाओं के आगे झुक जाते हैं और अपने आत्म-अनुशासन को त्यागकर तत्काल संतुष्टि के पीछे भागते हैं तो आप 10 मिनट में अद्‌भुत महसूस कर सकते हैं; लेकिन 10 घंटों में, जब आपको निर्णय लिये हुए कुछ देर हो चुकी होगी, तब संभव है कि आपको पछतावा महसूस होगा। और 10 दिन में? आप यह भी स्वीकार कर सकते हैं, 'हाँ, वह एक बहुत गलत फैसला था।'

उदाहरण के लिए, कल्पना करें कि आप जंक फूड से दूर रहने की कोशिश कर रहे हैं; लेकिन इस निश्चय को तोड़ने के लिए कोई ऑफिस में डोनट्स का एक बॉक्स लेकर आ जाता है। डोनट्स आपको बहुत पसंद हैं और अब आपको फैसला करना है।

यदि आप अपना आत्म-अनुशासन त्याग देते हैं और एक डोनट (या तीन) खाते हैं तो आप 10 मिनट में संतुष्टि महसूस कर सकते हैं; लेकिन 10 घंटे बाद आप अपने लक्ष्य को देखते हुए, अपने फैसले के बारे में सोचते हुए अलग महसूस कर सकते हैं। अब तक हो सकता है कि आप पछताने लगें। और दस दिनों बाद, जब आप उस घातक निर्णय से उत्पन्न इच्छाओं पर काबू पाने के लिए जूझ रहे होंगे, तब कैसा लगेगा? आप शर्मिंदगी के साथ खुद स्वीकार कर सकते हैं, 'यार, सच में वह बहुत बड़ी गलती थी।'

'10-10-10' नियम आपको समय से पहले इन भावनाओं पर विचार करने के लिए प्रोत्साहित करता है। यह आपको खराब निर्णयों के कारण होने वाले पछतावे और शर्मिंदगी से बचाता है।

'10-10-10' नियम आत्म-अनुशासन को कैसे प्रोत्साहित करता है

'10-10-10' नियम आपके संदर्भ के दायरे का विस्तार करता है। जब आप वर्तमान में अपनी भावनाओं को संतुष्ट करने के लोभ में आते हैं, तब यह आपको दीर्घकालिक दृष्टिकोण अपनाने के लिए मजबूर करता है।

कभी-कभी आपकी भावनाएँ इतनी प्रबल होती हैं और उनके बढ़ावा देने

के कारण आवेग इतने शक्तिशाली हो जाते हैं कि आपको लगता है कि आप उनसे दूरी बना लें। अपनी सोच को फिर से हासिल करने के लिए आपको इस दूरी की आवश्यकता होती है। जब आपके अंदर का कण-कण कुछ और करने को कहता है, तब यह आपको अपने लक्ष्यों व इरादों के प्रति अनुशासित और प्रतिबद्ध रखता है।

आपका भावनात्मक 'स्व' शायद ही कभी वर्तमान निर्णयों से जुड़े भविष्य के परिणामों को पहचानता है। इसे जो अच्छा लगता है, वह चाहिए और अभी ही चाहिए। यदि यह जानता है कि परिणाम क्या होंगे, तो यह सोचकर उनकी अनदेखी करता है कि वह उनसे बाद में निपट लेगा। वर्तमान को प्राथमिकता देकर आपका भावनात्मक 'स्व' आवेग को प्रोत्साहित करता है।

'10-10-10' नियम आपके दृष्टिकोण को विस्तार देकर इस प्रवृत्ति को निष्क्रिय कर देता है। यह आपको अपने आदर्श भविष्य के परिप्रेक्ष्य से अपने निर्णयों की सुदृढ़ता पर विचार करने के लिए मजबूर करता है। यह आपको खुद से यह प्रश्न पूछने के लिए मजबूर करता है, 'यह देखते हुए कि मैं क्या हासिल करना चाहता हूँ और मैं क्या बनना चाहता हूँ, क्या मैं सही विकल्प चुन रहा हूँ?' यह आपको अपनी भावनाओं पर काबू पाने और नियंत्रण में रहने के लिए तर्क एवं ठोस निर्णय का उपयोग करने के लिए प्रोत्साहित करता है।

वर्तमान-भविष्य की निरंतरता की शक्ति

वर्तमान-भविष्य की निरंतरता यह कहने का एक शानदार तरीका है कि आप जो बनना चाहते हैं, उससे जितना अधिक जुड़े रहेंगे, इसकी उतनी अधिक संभावना है कि आप अपने आप को उस स्थान पर रखकर निर्णय लेंगे। आइए, इसे ठीक से समझें।

हमने आपके आदर्श भविष्य के बारे में पहले ही चर्चा कर ली है। यह वह व्यक्ति है, जिसके बनने की आप कल्पना करते हैं। यह व्यक्तित्व उन लक्ष्यों का प्रतीक है, जिन्हें आप पूरा करना चाहते हैं, जिन गुणों को आप अपनाना चाहते हैं, और उन सभी कौशलों, आदतों एवं दृष्टिकोणों का मिश्रण है, जिन्हें आप अपनाना चाहते हैं।

इस क्षण आपका वर्तमान स्वरूप ही आप हैं। यह व्यक्तित्व आपकी वर्तमान

आवश्यकताओं, चिंताओं और तात्कालिक आवेगों पर केंद्रित होता है। यह तत्काल संतुष्टि का पक्षधर है और यह कहता है कि उन्हें प्राप्त करने के लिए आप उसके अनुकूल निर्णय, कार्य एवं व्यवहार को अपनाएँ।

आपका वर्तमान 'स्व' स्वाभाविक रूप से आपके आदर्श भविष्य 'स्व' के विपरीत है। इसे भविष्य की चिंता नहीं है। यह यहीं और अभी के बारे में चिंतित है। इसे न तो इसकी परवाह है कि आप कौन हैं और न ही इसकी कि आज से तीन महीने बाद आप किस समस्या से जूझ रहे होंगे। इसे आज की परवाह है।

अच्छी खबर यह है कि आप इन दो व्यक्तित्वों को जोड़ने के लिए खुद को प्रशिक्षित कर सकते हैं। आप अपनी मानसिकता में फेर-बदल कर सकते हैं, ताकि आपका वर्तमान 'स्व' और आदर्श भविष्य स्व-अनुशासित रहने में मदद करने के लिए एक साथ काम करें। आप अपने वर्तमान कार्यों को अल्पकालिक और दीर्घकालिक पुरस्कारों के साथ जोड़कर ऐसा कर सकते हैं।

उदाहरण के लिए, मान लीजिए कि आप दोबारा जंक फूड न खाने का प्रयास कर रहे हैं। आपका उद्‌देश्य वजन कम करना और फिट होना है। आपके मन में अपनी एक आदर्श भविष्य 'स्व' (हाँ, आप कमाल के दिख रहे हैं!) की छवि है। लेकिन आपके वर्तमान 'स्व' को इस छवि की परवाह नहीं है। उसे फर्क नहीं पड़ता कि आप उसे हासिल कर पाएँ या नहीं। आपका वर्तमान 'स्व' जानना चाहता है, 'मेरे लिए इसमें क्या है? मैं क्यों जंक फूड छोड़ दूँ?'

इस प्रकार, आप जो कदम उठाना चाहते हैं (जैसे कि जंक फूड छोड़ना), उन्हें आज और भविष्य दोनों के पुरस्कारों से जोड़कर देखते हैं। भविष्य के पुरस्कार पहले ही स्पष्ट होंगे, क्योंकि कदम-3 में आपने उसके कारण का पता लगा लिया है। तात्कालिक पुरस्कारों में निम्नलिखित शामिल हो सकते हैं—

- मानसिक स्पष्टता
- अच्छी नींद
- अधिक ऊर्जा
- आसान पाचन
- मूड में सुधार।

आपने अपने वर्तमान 'स्व' को जंक फूड से दूर रहने के लिए एक बाध्य करने वाला कारण (दरअसल, पाँच कारण) दे दिया है। ये ऐसे पुरस्कार हैं, जिन्हें आपका वर्तमान 'स्व' आज महसूस कर सकता है। इसके कारण इसका रुझान उन

निर्णयों को लेने की ओर है, जिनसे आपको आदर्श भविष्य 'स्व' को साकार करने में मदद मिलेगी। इससे आप अनुशासित और नियंत्रण में रहने के लिए उत्साहित होते हैं।

आपने वर्तमान-भविष्य की निरंतरता को हासिल कर लिया है।

ऐसे कई अध्ययन हैं, जो इस प्रभाव को दिखाते हैं।[13, 14, 15, 16] यदि आप मनोविज्ञान के इस रोचक क्षेत्र की गहराई में उतरना चाहते हैं तो उन्हें पढ़ना सार्थक होगा। जहाँ तक हमारे उद्देश्यों की बात है, तो इतना जान लेना पर्याप्त है कि इस प्रभाव का अस्तित्व है और हम समझें कि इसका लाभ कैसे उठाना है!

---

13. रुचिक, ए.एम.; स्लेपियन, एम.एल.; रेयेस, एम.ओ.; प्लेस्कस, एल.एन. और हर्शफील्ड, एच.ई. (2018)। भविष्य की आत्म-निरंतरता बेहतर स्वास्थ्य से जुड़ी है और अभ्यास करने के व्यवहार को बढ़ाती है। 'जर्नल ऑफ एक्सपेरिमेंटल साइकोलॉजी'—एप्लाइड, 24 (1) 72-80
14. एर्सनर-हर्शफील्ड, एच.; गार्टन, एम. टी.; बैलार्ड, के.; सैमनेज-लार्किन, जी. आर. और नॉटसन, बी. (2009)। कल के बारे में सोचना बंद न करें—भविष्य की आत्म-निरंतरता को लेकर व्यक्तिगत मतभेद से बचाव होता है। 'जजमेंट एंड डिसीजन मेकिंग', 4(4) 280-286
15. रीफ, जे.; हर्शफील्ड, एच.ई. और क्वॉयडबैक, जे. (2019)। समय के साथ पहचान—स्वयं के बीच कथित समानता 10 साल बाद तरक्की की भविष्यवाणी करती है। 'सोशल साइकोलॉजी एंड पर्सनैलिटी साइंस', 11 (2) 160-167
16. हर्शफील्ड, एच.ई.; कोहेन, टी.आर. और थॉम्पसन, एल. (2012 बी)। लघु क्षितिज और आकर्षक स्थितियाँ—हमारे भविष्य के प्रति निरंतरता का अभाव अनैतिक निर्णय लेने और व्यवहार की ओर ले जाता है। 'ऑर्गेनाइजेशनल बिहेवियर एंड ह्यूमन डिसीजन प्रोसेसेज', 117 (2) 298-310

अभ्यास-6

सबसे पहले वह लक्ष्य चुनें, जिसे आप प्राप्त करना चाहते हैं। यह ऐसा होना चाहिए कि इसमें प्रतिदिन आत्म-अनुशासन की आवश्यकता हो।

दूसरा, उस एक कार्य की पहचान करें, जो इस लक्ष्य को प्राप्त करने के लिए अनिवार्य है।

तीसरा, उस निर्णय की पहचान करें, जो इस काररवाई का विरोध करता है। चौथा, '10-10-10' नियम लागू करें।

अंत में अपने वर्तमान 'स्व' के क्रिया-कलाप को अपने आदर्श भविष्य 'स्व' की प्राप्ति से जोड़ें।

आइए, हम इसका एक उदाहरण देखते हैं...लक्ष्य—10 पाउंड वजन कम करना।

काररवाई—जंक फूड से बचें। विरोधी निर्णय—डोनट खाओ। '10-10-10' नियम लागू—

1. मैं अपने निर्णय के बारे में 10 मिनट बाद कैसा महसूस करूँगा?
2. मैं अपने निर्णय के बारे में 10 घंटे बाद कैसा महसूस करूँगा?
3. मैं अपने निर्णय के बारे में 10 दिनों बाद कैसा महसूस करूँगा?

वर्तमान-भविष्य की निरंतरता—जंक फूड से बचना, ताकि मैं बेहतर महसूस कर सकूँ, अधिक स्पष्ट रूप से सोच सकूँ और आज से बहुत अच्छी नींद का आनंद उठा सकूँ। जंक फूड से बचना, ताकि मैं 10 पाउंड वजन कम कर सकूँ।

अब दोनों प्रकार के व्यक्तित्व एक साथ आ गए हैं। इससे आपको अपने आवेगों को नियंत्रित करने, अनुशासित रहने और अपनी योजना पर टिके रहने में मदद मिलेगी।

आवश्यक समय : 10 मिनट

□

कदम–7 : प्रशिक्षण से असुविधा को गले लगाना सीखें

"आप में अपने मन को नियंत्रित रखने की शक्ति है, बाहरी घटनाओं को नहीं। यह समझ लें तो आप शक्तिशाली महसूस करेंगे।"

—मार्कस ऑरेलियस

मनुष्य स्वाभाविक रूप से असुविधा सहन करने के खिलाफ रहते हैं। जब ऐसी स्थिति आती है, तब हम उससे बचते हैं। यदि बाकी बातें समान रहें और हमें आरामदायक व असुविधाजनक के बीच चुनने का विकल्प दिया जाए तो हम हमेशा पहले को ही चुनेंगे। यह हमारे डी.एन.ए. में होता है।

लेकिन असुविधा यदि हमारे आत्म–विकास और आत्म–अनुशासन की कुंजी हो, तब क्या होगा? क्या होगा, अगर विभिन्न रूपों में हम असुविधा का सामना करें और प्रतिकूल परिस्थितियों से पार पाने की हमारी क्षमता बढ़ती चली जाए? क्या होगा, यदि कठिन परिस्थितियों का लगातार और नियंत्रित रूप से सामना करने पर हम अपने आवेगों व प्रलोभनों पर काबू पा लें तथा हालात मुश्किल होने पर भी डटे रहने की क्षमता विकसित कर लें?

सच यही है कि असुविधा हर जगह है और यह कभी दूर नहीं होगी। हम कभी

इससे पूरी तरह छुटकारा नहीं पा सकते हैं; लेकिन हम थोड़ा-थोड़ा कर ही सही, अपनाना सीख सकते हैं। और यदि हम ऐसा करने में कामयाब होते हैं तो हम इसका उपयोग अपनी परिस्थितियों की परवाह किए बिना अपने लक्ष्यों के प्रति प्रतिबद्ध रहने के लिए खुद को प्रशिक्षित करने के उद्देश्य से कर सकते हैं, अपने आवेगों व प्रलोभनों की परवाह किए बिना अपनी योजनाओं के प्रति समर्पित रह सकते हैं तथा अपने अनिर्णय और आलस्य के बावजूद अपने इरादों पर अटल बने रह सकते हैं।

दूसरे शब्दों में, हम अपनी असुविधा का लाभ उठा सकते हैं और इसका उपयोग अपने आत्म-अनुशासन को मजबूत करने के लिए कर सकते हैं। इस दिशा में पहला कदम हमारी अपेक्षाओं को समायोजित करना है।

आपकी अपेक्षाओं का समायोजन

हम छोटी उम्र में ही सीख लेते हैं कि जीवन हमारे साथ उचित व्यवहार नहीं करता है। निश्चित रूप से यदि हमारे माता-पिता बचपन में हमारी सारी माँगों को पूरा करते हैं तो दृष्टिकोण विकृत हो सकता है। (किशोरावस्था से पहले जब माँ-बाप बच्चों से कहते हैं कि उनके लिए नया स्मार्टफोन खरीदने में अभी समय है, तो वे रोते हुए कहते हैं, 'यह सही नहीं है!') लेकिन अंत में हम जान लेते हैं कि असुविधा जीवन का हिस्सा होती है।

जैसे-जैसे हम परिपक्व होते जाते हैं, हम सीखते हैं कि आराम की गारंटी तभी है, जब हम कुछ करें ही नहीं। और तब भी, यह कुछ पलों का ही होता है। जब हम ठहराव में होते हैं तो यह नष्ट हो जाता है। स्थायी आराम पाने का हकदार महसूस करना हमें अनिवार्य रूप से निराशा और हताशा की ओर ले जाता है।

इसलिए हमें अपनी अपेक्षाओं को समायोजित करना चाहिए। हमें यह स्वीकार करना चाहिए कि हमें सहज महसूस करने का अधिकार नहीं है। हम अपनी परिस्थितियों के हर पहलू को नियंत्रित नहीं करते हैं। पूरी सावधानी से योजना बनाने तथा नेक इरादों के बावजूद बुरी चीजें हमारे साथ घटित हो सकती हैं और अकसर होती भी हैं। इसलिए हमें असहज होने को लेकर सहज रहना चाहिए। कम-से-कम हमें यह समझना चाहिए कि असुविधा अपरिहार्य है।

इसके अलावा यदि आप अपने आराम के क्षेत्र से निकलकर कुछ भी करने की इच्छा रखते हैं तो आप मानकर चलिए कि आपको असुविधा होगी। यदि आप अपनी यथास्थिति से बाहर निकलने की उम्मीद करते हैं तो असुविधा, अप्रियता

और यहाँ तक कि हलके संकट का सामना करना पड़ सकता है। विकास हमेशा असुविधा के साथ होता है। यदि ऐसा नहीं होता तो आत्म-सुधार आसान और बिना संघर्ष के होता।

अब, जबकि हमारी उम्मीदें सही स्तर पर आ चुकी हैं, तो आइए, असुविधा का उपयोग अपने हित में करें।

आपकी आत्म-अनुशासन वाली मांसपेशियों की प्रतिरोध क्षमता बढ़ाने का प्रशिक्षण

रेजिस्टेंस ट्रेनिंग, यानी क्षमता बढ़ाने वाले प्रशिक्षण में बल या वजन के साथ व्यायाम कर आपकी मांसपेशियों को शक्तिशाली और सहनशील बनाया जाता है। इसका एक उदाहरण डंबल उठाना है। डंबल का वजन आपकी भुजाओं की मांसपेशियों को मजबूत बनाता है। व्यायाम को दोहराने से मांसपेशियों की प्रतिरोधक क्षमता बढ़ती चली जाती है।

आत्म-अनुशासन वाली आपकी मांसपेशियाँ भी इसी प्रकार काम करती हैं। विशेष रूप से जब आप अपनी इच्छाओं एवं प्रलोभनों का विरोध करते हैं तो वे और ताकतवर हो जाती हैं। आप उनका जितना अधिक उपयोग करेंगे, वे उतने ही मजबूत होते जाएँगे।

उदाहरण के लिए, मान लीजिए कि आपने पौष्टिक आहार लेना शुरू कर दिया है और जंक फूड से परहेज कर रहे हैं। आपने शायद देखा होगा कि आप जितना अधिक समय तक स्वस्थ आहार पर टिके रहेंगे, यह उतना ही आसान हो जाएगा। इसी तरह कल्पना करें कि आपने हर सुबह एक विशेष समय पर जागने के लिए खुद को प्रशिक्षित किया है। आपने शायद देखा होगा कि आप जितने दिनों तक ऐसा करेंगे, स्नूज बटन दबाने और सोने की आपकी इच्छा उतनी ही कम होगी।

ये आपकी आत्म-अनुशासन की मांसपेशियों के प्रतिरोध प्रशिक्षण के उदाहरण हैं। आपने अपने कंफर्ट जोन से बाहर जाकर कुछ करने का निर्णय लिया है (जैसे—पौष्टिक भोजन करना, जल्दी उठना आदि)। ऐसा करना शुरुआत में असुविधाजनक होता है। हर बार जब आप ऐसा करते हैं तो आप इस नई 'मांसपेशी' पर प्रतिरोध लागू करते हैं। जितना अधिक आप इसे करते हैं, ये 'मांसपेशियाँ' उतनी

ही मजबूत हो जाती हैं। अंत में जो चीज कभी आपके कंफर्ट जोन से बाहर थी, वह उसके भीतर आ जाती है।

आप लगभग किसी भी संदर्भ में अपने आत्म-अनुशासन को मजबूत करने के लिए प्रतिरोध प्रशिक्षण का उपयोग कर सकते हैं। पौष्टिक आहार लेना, व्यायाम करना, पुस्तक लिखना, परीक्षा के लिए पढ़ाई करना, घर का काम करना, कोई वाद्य-यंत्र बजाना सीखना, समय का पाबंद रहना इत्यादि।

थोड़ा प्रतिरोध लगाकर छोटी शुरुआत करें। उदाहरण के लिए, यदि आप आमतौर पर सुबह 8 बजे उठते हैं और जल्दी उठना चाहते हैं तो तुरंत सुबह 4.30 बजे उठना शुरू न करें। कुछ दिनों तक हर सुबह 7.45 बजे उठें। फिर अपना अलार्म सुबह 7.30 बजे के लिए सेट करना शुरू करें। फिर सुबह 7.15 बजे का लक्ष्य रखें। अपनी आत्म-अनुशासन वाली मांसपेशियों को विकसित होने का समय दें। जैसे-जैसे वे बढ़ते जाते हैं, उन पर तब तक अधिक प्रतिरोध लागू करते जाएँ, जब तक कि आप वह न हासिल कर लें, जो आपने सोचा था।

आपकी आत्म-अनुशासन वाली मांसपेशियों के लिए इंटरवल ट्रेनिंग

इंटरवल ट्रेनिंग में आपकी मांसपेशियों का उपयोग एक निर्धारित अवधि और एक निश्चित संख्या में बार-बार दोहराने के रूप में किया जाता है। अवधि की बात करें तो इसका एक उदाहरण होगा 5 मिनट तक दौड़ना। दोहराने का उदाहरण होगा डंबल को 15 बार उठाना। प्रतिरोध प्रशिक्षण की तरह ही इंटरवल ट्रेनिंग शक्ति और सहन-शक्ति का निर्माण करता है। हालाँकि, यह मांसपेशी फाइबर को विकसित करने के लिए छोटी-छोटी शारीरिक गतिविधियों पर निर्भर करता है।

प्रतिरोध प्रशिक्षण की तरह ही हम इंटरवल ट्रेनिंग का उपयोग अपनी आत्म-अनुशासन वाली मांसपेशियों के निर्माण के लिए कर सकते हैं। यह विस्तारित काररवाई या ध्यान (या दोनों) की आवश्यकता वाले प्रयासों को शामिल करने के लिए सबसे अच्छी तरह काम करता है।

उदाहरण के लिए, मान लीजिए कि आप एक उपन्यास लिखना चाहते हैं, लेकिन आपको अपने कीबोर्ड के सामने खुद को कुरसी पर बैठाना मुश्किल लग रहा है। इसके बजाय आप टेलीविजन देखना, गिटार बजाना या दोस्तों के साथ घूमना पसंद करेंगे।

इंटरवल ट्रेनिंग के उपयोग का एक तरीका 15 मिनट के लिए अपने कीबोर्ड के सामने बैठने का संकल्प लेना है। ऐसा करना असुविधाजनक होगा। ऐसा नहीं होगा कि दूसरे काम करने की इच्छा अचानक गायब हो जाएगी। लेकिन यह प्रशिक्षण इसी के लिए है, यानी इसका काम आपकी आत्म-अनुशासन वाली मांसपेशियों को मजबूत करना है।

5 मिनट के बाद भले ही आपने अपने उपन्यास का एक भी शब्द न लिखा हो, फिर भी कुछ और कर लें। जब आप लिखने के लिए तैयार हों तो अगले 15 मिनट के अंतराल के लिए अपनी कुरसी पर लौट आएँ। ऐसा तब तक करें, जब तक यह असुविधाजनक न हो जाए।

फिर अपने लेखन अंतराल को 30 मिनट तक बढ़ाएँ। आप शायद फिर से असहज महसूस करेंगे। जब असुविधा दूर हो जाए तो अपने लेखन अंतराल को 45 मिनट तक बढ़ाएँ। इस प्रक्रिया को तब तक जारी रखें, जब तक आप अपने वांछित अंतराल तक नहीं पहुँच जाते और इस पर टिके रहना असुविधाजनक न लगे।

अभ्यास-7

तो चलिए, हमने जो अभी पढ़ा है, उसे झटपट एक अभ्यास के साथ और मजबूत बनाते हैं।

सबसे पहले, कोई ऐसा काम चुनें, जिसे आप अपनी दैनिक दिनचर्या का हिस्सा बनाना चाहेंगे। ऐसा एक काम चुनें, जिसके लिए अपने आप को लंबे समय तक उस काम में जुटाकर रखना पड़े। हो सकता है कि आप ऊपर दिए गए उदाहरण के अनुसार एक उपन्यास लिखना चाहें, या शायद आप जॉगिंग करना चाहें अथवा वास्तविक घटना पर आधारित पुस्तक पढ़ना या पियानो का अभ्यास शुरू करना चाहते हों। आप जो भी काम चुनें, पता करें कि यह आपको कैसे असहज करेगा?

इसके बाद इस क्रिया को अपनी दिनचर्या में अपनाने के लिए प्रतिरोध प्रशिक्षण का उपयोग करें। उदाहरण के लिए, मान लें कि आप हर शाम किसी गंभीर पुस्तक को पढ़ने का निर्णय लेते हैं। यदि आप उपन्यास के अलावा शायद ही कभी गंभीर पुस्तक पढ़ते हैं तो शुरुआत में ऐसा करना असुविधाजनक होगा। असुविधा को बरदाश्त करें। इसके माध्यम से दबाएँ और अन्य काम करने के प्रलोभन का विरोध करें (उदाहरण के लिए, टेलीविजन देखना)।

तीसरा, अपने चुने हुए काम से जुड़ी असुविधा को कम करने के लिए इंटरवल ट्रेनिंग का उपयोग करें। उदाहरण के लिए, 15 मिनट के अंतराल के लिए नॉन-फिक्शन पढ़ने का संकल्प लें। जब यह आपके लिए आरामदायक हो जाए तो 30 मिनट के अंतराल का संकल्प लें। समय के साथ आप उन अवधियों के लिए किसी गंभीर पुस्तक को पढ़ने का अनुशासन विकसित कर लेंगे, जिसकी आपने कभी कल्पना भी नहीं की होगी।

आवश्यक समय : 10 मिनट (एक योजना बनाने के लिए)

□

कदम-8 : कदमों को सिस्टम में बदलें

"यदि आप हर दिन कुछ करते हैं तो यह एक सिस्टम है। यदि आप भविष्य में कभी उसे पाने की प्रतीक्षा कर रहे हैं तो यह एक लक्ष्य है।"

—स्कॉट एडम्स

कदम-4 में हमने आंतरिक और बाहरी विरोध के विषय में बात की। हमने जाना कि कैसे दोनों आपकी योजनाओं को बिगाड़ने का खतरा पैदा करते हैं। दोनों आपको यह समझाने का प्रयास करते हैं कि संयम और आत्म-नियंत्रण का इस्तेमाल करने के बजाय आप आवेगों के आगे झुक जाएँ।

कदम-7 में हमने उस असुविधा की समीक्षा की, जो हमेशा ही आत्म-सुधार के साथ आती है। आप जब भी कुछ करना चाहेंगे, असुविधा का अनुभव करने के लिए तैयार रहिए। इससे बचा नहीं जा सकता।

इन रुकावटों और अपनी योजनाओं पर डटे रहने के लिए आप जो त्याग करते हैं (त्याग पर और जानकारी के लिए देखें—कदम-5), उनका तात्पर्य यही है कि अनुशासित रहने के लिए बहुत अधिक इच्छा-शक्ति आवश्यक होती है। यह समस्याजनक है, क्योंकि समय बढ़ने के साथ ही इच्छा-शक्ति कम होती जाती है। इस कारण, अनुशासित रहने के लिए हम उस पर निर्भर नहीं कर सकते। हमें एक और विकल्प चाहिए।

यहीं सिस्टम का काम शुरू होता है।

सिस्टम अनेक कदमों की एक श्रृंखला होते हैं। वे रुटीन होते हैं, जो आपके शरीर और मन को संकेत देते हैं कि अब कुछ खास करने का समय आ गया है। आप इन कामों को कम-से-कम विचार या प्रयास से इस प्रकार करते हैं कि वे आपकी आदत का हिस्सा बन जाते हैं।

उदाहरण के लिए, कल्पना करें कि आप शाम को सोने की तैयारी कर रहे हैं। आपने ब्रश किया, कल करने वाले कामों की सूची बनाई, पूजा की या ध्यान लगाया, कोई पुस्तक पढ़ी और शायद थोड़ी स्ट्रेचिंग भी की। यह आपकी शाम की दिनचर्या है। यह आपका शाम का सिस्टम है। आपको अलग-अलग कामों को करने के बारे में सोचना नहीं पड़ता है। इनमें से किसी के लिए भी इच्छा-शक्ति नहीं चाहिए होती है। ये आपके सिस्टम का हिस्सा हैं और इन्हें करने के लिए अनुशासित रहना आसान है।

सिस्टम इच्छा-शक्ति पर हमेशा भारी पड़ते हैं

सन् 2011 में अमेरिकन साइकोलॉजिकल एसोसिएशन (ए.पी.ए.) ने अपने वार्षिक 'स्ट्रेस इन अमेरिका' सर्वेक्षण के नतीजे प्रकाशित किए। ए.पी.ए. के निष्कर्षों में निम्नलिखित बातें शामिल थीं—

सर्वेक्षण में शामिल लगभग सभी (93 प्रतिशत) ने बताया कि सन् 2012 में उन्होंने अपने व्यवहार के कुछ पहलुओं को बदलने का संकल्प लिया था। फिर भी लोग लगातार बताते हैं कि इच्छा-शक्ति की कमी सबसे बड़ा कारण है, जिसके चलते वे वजन कम करने, अधिक पैसे बचाने, व्यायाम करने या जीवन-शैली में दूसरे बदलाव करने में विफल रहे।[17]

हमने इच्छा-शक्ति की कमियों की समीक्षा कर ली है, इसलिए यह निष्कर्ष आश्चर्यजनक नहीं है। इसके अलावा यह मान लेना ठीक है कि तब से अब तक कुछ भी नहीं बदला है। अधिकांश लोग अपनी सीमाओं के बावजूद इच्छा-शक्ति पर निर्भर रहना जारी रखते हैं।

---

17. 'व्हाट अमेरिकन्स थिंक ऑफ विलपावर—ए सर्वे ऑफ परसेप्शंस ऑफ विलपावर एंड इट्स रोल इन अचीविंग लाइफस्टाइल एंड बिहेवियर चेंज गोल्स'। (2012) अमेरिकन साइकोलॉजिकल एसोसिएशन। https://www.apa.org/topics/stress/willpower.pdf

सिस्टम दो तरह से इच्छा-शक्ति को पीछे छोड़ देते हैं। सबसे पहले, वे एक सीमित व घटते संसाधन पर भरोसा करने की आवश्यकता को कम करते हैं। यदि आप इच्छा-शक्ति पर भरोसा करते हैं तो उसके समाप्त हो जाने पर वजन कम करने, पैसे बचाने या व्यायाम करने के लिए अनुशासित कैसे रह सकते हैं?

दूसरा, इच्छा-शक्ति अस्थिर है, क्योंकि यह आपकी भावनाओं से गहराई से जुड़ी हुई है। यह इस बात पर निर्भर करता है कि आप किसी भी क्षण कैसा महसूस करते हैं। यह चंचल है और इसलिए अप्रत्याशित है। जब आप सिस्टम विकसित करते हैं और उनका पालन करते हैं तो ये मुद्दे गायब हो जाते हैं। अब आपको अनुशासित रहने के लिए पर्याप्त इच्छा-शक्ति होने के बारे में चिंता करने की आवश्यकता नहीं है। आपके सिस्टम यह सुनिश्चित करते हैं कि आप अनुशासित रहें। एक बार जब वे आपकी दिनचर्या का हिस्सा बन जाते हैं तो आपको इसके बारे में सोचने की जरूरत नहीं होती है।

सिस्टम निरंतर प्रेरणा की आवश्यकता को समाप्त कर देते हैं

प्रेरणा इच्छा-शक्ति जितनी ही भरोसे के लायक नहीं है; हालाँकि, इसके कारण अलग-अलग हैं।[18] याद कीजिए कि आखिरी बार कब कुछ करने के लिए आप 'प्रेरित महसूस' नहीं कर रहे थे। इस बात की पूरी संभावना है कि कुछ काम कभी पूरे नहीं हुए। (या बहुत टाल-मटोल के बाद इस पर ध्यान दिया गया।)

प्रेरणा तब सहायक हो सकती है, जब यह आपको ऊर्जा दे और अंदर से इच्छा जगाए। ये भावनाएँ आपको उत्साहित करती हैं और काररवाई करने के लिए प्रेरित करती हैं। समस्या यह है कि वे असंगत और अल्पकालिक हैं। ऊर्जा और प्रेरणा का वह विस्फोट जल्दी ही शांत हो जाता है। एक बार समाप्त हुआ तो कदम उठाने की मजबूरी भी नहीं रहती है।

सिस्टम प्रेरित महसूस करने की आवश्यकता को दूर करते हैं। अब आपको काररवाई करने के लिए ऊर्जावान् या प्रेरित महसूस करने पर निर्भर नहीं रहना पड़ता है। आपका सिस्टम आपके शरीर और मन को संकेत देता है कि अब काम करने का समय आ गया है। केवल एक चीज, जो आपको करने की जरूरत है, वह है

18. इस चर्चा का फिर से अध्ययन करने के लिए 'आत्म-अनुशासन बनाम प्रेरणा' अध्याय को पढ़ें।

उस जगह तक पहुँचना।

मैं इसे अपने उदाहरण से समझाता हूँ। लिखना मेरे लिए हमेशा आसान नहीं होता। कभी-कभी यह एक संघर्ष होता है। लेकिन अगर मुझे अपनी रचना को प्रकाशित कराना है तो मुझे लिखना होगा। मुझे प्रतिदिन लिखने के लिए पर्याप्त अनुशासित होना चाहिए।

अगर मैं अपनी इच्छा-शक्ति पर भरोसा करूँ तो मैं हर सुबह थोड़ा-थोड़ा लिखता, लेकिन यह इतना नहीं होता कि मेरी रचना प्रकाशित हो जाए। अगर मुझे प्रेरणा पर भरोसा करना होता तो मैं कभी-कभार लिखता। वह भी एक समस्या ही होती।

इसलिए मैंने अपने लिए एक सिस्टम बनाया। हर सुबह बिस्तर से उठने के बाद मैं दो गिलास पानी पीता हूँ, प्रार्थना करता हूँ, थोड़ा व्यायाम करता हूँ और 5 मिनट तक पढ़ता हूँ।[19] यह दिनचर्या पूरी करने के बाद मैं लिखने के लिए तैयार हो जाता हूँ। मेरे शरीर और मन को संदेश मिल जाता है। और लेखन इस बात की परवाह किए बिना होता है कि मेरे पास इच्छा-शक्ति का पूरा भंडार है या नहीं, या फिर मैं प्रेरित महसूस करता हूँ या नहीं।

सिस्टम आपके भीतर के आलोचक को चुप करा देते हैं

आपका आंतरिक आलोचक अनिश्चितता, अनिर्णय और विलंब पर पनपता है। जब भी आप कुछ चुनौतीपूर्ण करने का प्रयास करते हैं या जो आपके कंफर्ट जोन से बाहर है और आप झिझकते हैं तो आपका आंतरिक आलोचक आपको गलत रास्ते पर ले जाने की कोशिश करेगा। इस काम में यह दक्ष होता है।

आपके मन में ये नकारात्मक बातें कर आपको यह समझाने की कोशिश करेगा कि आप अक्षम, अकुशल या तैयार नहीं हैं। यह दबे स्वर में कहेगा कि आप इतने अच्छे नहीं हैं, पर्याप्त स्मार्ट नहीं हैं और आप में इतना संकल्प भी नहीं है। अपने आंतरिक आलोचक को थोड़ी सी जगह देकर देखिए, यह आपके आत्म-अनुशासन को तबाह कर देगा।

जब आप सिस्टम बनाते हैं और उस पर टिके रहते हैं तो अनिश्चितता या

---

19. कभी-कभी मैं ऐसी सामग्री को पढ़ता हूँ, जो उससे संबंधित होती है, जो मैं लिखने जा रहा हूँ। लेकिन अकसर ही मैं अकाल्पनिक चीजें पढ़ता हूँ, जो उससे पूरी तरह से असंबद्ध होती हैं।

अनिर्णय आपके लिए बाधा नहीं बनते हैं, न ही आप टाल-मटोल करके देर करते हैं। आप जानते हैं कि आपको क्या करना है और कब करना है। आपके सिस्टम आपके कार्यों को निर्देशित करते हैं। ये काम लगभग बिना सोचे तथा प्रयास के साथ होते हैं और आपके भीतर के आलोचक की पकड़ समाप्त हो जाती है।

यह भले ही नकारात्मक बातें करता रहे, लेकिन इसकी आवाज हताश और दयनीय हो जाती है। इसे नजरअंदाज करना आसान होता है, चुप कराना आसान होता है।

अभ्यास-8

यह अभ्यास न केवल झटपट होने वाला और आसान है, बल्कि मजेदार भी है। हम एक ऐसा सिस्टम बनाएँगे, जिसका पालन आप तब कर सकते हैं, जब आप प्रेरित न हों या आपको कुछ करने की इच्छा न हो।

सबसे पहले, एक ऐसा कार्य चुनें, जिसे आपको प्रतिदिन पूरा करना है (या आप पूरा करना चाहते हैं)। इस कार्य को पूरा करने के लिए अनुशासन की आवश्यकता होनी चाहिए। कुछ उदाहरण निम्नलिखित हैं—

होमवर्क पूरा करें
अपनी सुबह की पत्रिका में लिखें
कोई उपन्यास लिखें
व्यायाम करें
नॉन-फिक्शन पढ़ें
गिटार बजाने का अभ्यास करें
एक नई भाषा सीखें
ध्यान लगाएँ

फिर उन कदमों की श्रृंखला पर विचारों का मंथन करें, जो इस काम से पहले आते हैं। ये कदम उससे जुड़े हो सकते हैं, लेकिन ऐसा होना आवश्यक भी नहीं।

उदाहरण के लिए, मान लें कि किसी उपन्यास को पूरा करने के लिए आप हर सुबह उठने के बाद लिखना चाहते हों। संभव है कि आपका सिस्टम इन कामों को करना पसंद करे—

1. एक कप कॉफी पीना
2. 5 मिनट तक ध्यान करना
3. 20 पुश-अप्स करना
4. 10 मिनट की सैर पर जाना
5. 5 मिनट तक चोपिन (पियानो-वादक) को सुनना
6. कीबोर्ड के सामने बैठना
7. अपनी रूपरेखा की समीक्षा करना।

यदि आप हर सुबह लगातार इस सिस्टम का पालन करते हैं तो आप पाएँगे कि बैठकर लिखना आपके लिए आसान हो गया है। आपको इसके बारे में सोचने की जरूरत नहीं है। इसे पूरा करने के लिए आपके पास इच्छा-शक्ति हो, इसकी आवश्यकता नहीं है। आपका सिस्टम आपके मन और शरीर को जरूरत पड़ने पर वह करने के लिए तैयार करेगा, जो आपको करना है।

आवश्यक समय : 10 मिनट

□

कदम–9 : तनावकर्ताओं का प्रबंधन और उन्हें कम–से–कम करें

"यदि आप पूछें कि दीर्घायु होने का सबसे महत्त्वपूर्ण मंत्र क्या है, तो मुझे कहना होगा कि चिंता, तनाव और तनाव से बचना। और यदि आपने मुझसे नहीं पूछा, तो भी मुझे यही कहना होगा।"

—जॉर्ज बर्न्स

कुछ परिस्थितियों में तनाव उपयोगी हो सकता है। आपकी सुरक्षा जब खतरे में पड़ जाती है तो यह 'लड़ो या भागो' की प्रतिक्रिया को सक्रिय कर देता है। छोटे–छोटे विस्फोट के साथ यह आपको उद्देश्यपूर्ण काररवाई करने की दिशा में ले जाता है और अपने लक्ष्यों की प्राप्ति के लिए जो भी कदम उठाना आवश्यक हो, उसके लिए आपको प्रेरित करता है।

लेकिन तनाव आपके मानसिक व शारीरिक स्वास्थ्य को महत्त्वपूर्ण और गंभीर रूप से प्रभावित करता है। बार–बार गंभीर तनाव के पैदा होने (जैसे कि ट्रैफिक जाम, जीवनसाथी से बहस, बेहद सख्त समय–सीमा आदि) से आप चिड़चिड़े हो जाएँगे, आपकी एकाग्रता समाप्त हो जाएगी और नकारात्मकता आपकी नींद की गुणवत्ता को समाप्त कर देगी। असाध्य तनाव (जैसे कि पैसों की तंगी, तलाक का लटका मामला, गंभीर बीमारी आदि) आप में चिंता, हमेशा रहने वाला सिरदर्द और

डिप्रेशन पैदा कर सकता है। इसके कारण आपको हृदय रोग भी हो सकता है।[20]

इनमें से कोई भी प्रभाव आत्म–अनुशासन के अनुकूल नहीं है। इसके विपरीत, वे आपके अनुशासन को कम करते हैं, जिससे आपके लिए अपने आवेगों को नियंत्रित करना और लाभ में देरी करना कठिन हो जाता है। बेशक, अनुभव से आप इस बात को जानते हैं।

एक बार आप आत्म–अनुशासन में सिद्ध हो गए हैं तो तनावपूर्ण समय में आपके लिए इसे नियंत्रण में रखना आसान होगा। लेकिन शुरुआत में, आप जब अपने अनुशासन की मांसपेशियों को विकसित कर रहे होंगे, तब तनाव आपके लिए एक बाधा बनकर आएगा। इससे भी बुरा यह होगा कि यह आपके साथ छल करेगा और आप पर हावी हो जाएगा।

यही कारण है कि जब आप अपने आत्म–अनुशासन का निर्माण कर रहे होंगे, तब आपको अपने जीवन में तनावकर्ताओं को न्यूनतम और प्रबंधित करने के लिए पहले से ही कठोर कदम उठाने पड़ेंगे। नीचे मैं आपको ऐसा करने के कई व्यावहारिक तरीके बताऊँगा। लेकिन उससे पहले चलिए, देखते हैं कि तनाव पर प्रतिक्रिया किस प्रकार काम करती है।

तनाव पर प्रतिक्रिया कैसे काम करती है

जब आपका दिमाग किसी बाहरी खतरे को महसूस करता है तो वह आपको सुरक्षित रखने के लिए प्रतिक्रिया करता है। व्यक्ति को जीवित रखने का तंत्र मस्तिष्क में सक्रिय होता है और खतरे की घंटी बजाने के साथ ही कथित खतरे के बारे में जानकारी जुटाता है तथा उसे समझता है। आपका मस्तिष्क प्राथमिक तनाव हार्मोन कॉर्टिसोल और एड्रेनलाइन के स्राव को शुरू कर देता है, जो आपके मन को तुरंत निर्णय लेने और आपके शरीर को संकल्प के साथ कारवाई करने के लिए तैयार करता है।

यह प्रक्रिया हमारे पूर्वजों को सुरक्षित रखने में उल्लेखनीय रूप से प्रभावी थी। उस समय जीवन खतरों से भरा था और 'लड़ो या भागो' की प्रतिक्रिया ने उन्हें जीवित व स्वस्थ रहने में महत्त्वपूर्ण भूमिका निभाई।

20. सत्यजीत, एफ.; नाज, एस.; कुमार, वी.के.; आंग, एन.; बंसरी, के.; इरफान, एस. और रिजवान, ए. (2020)। 'हृदय रोग के जोखिम कारक के रूप में मनोवैज्ञानिक तनाव— एक केस–कंट्रोल अध्ययन'। क्यूरियस।

हालाँकि, आजकल तनाव पर प्रतिक्रिया समस्याएँ खड़ी कर देती है। यह आज भी उपयोगी हो सकता है, लेकिन अकसर आपातकालीन स्थितियों की गलत पहचान करता है। कभी-कभी यह आपकी सुरक्षा के लिए वहाँ खतरा महसूस करता है, जहाँ कोई खतरा मौजूद नहीं होता। जब आपको इसकी आवश्यकता नहीं होती है तो यह आपको हाई अलर्ट पर रखता है और अनावश्यक रूप से तनाव के समय निकलने वाले हार्मोन की बाढ़ ला देता है। ऐसा वह आएदिन की तनावपूर्ण घटनाओं की प्रतिक्रिया में करता है।

उदाहरण के लिए, आपको देरी हो रही हो और आप ट्रैफिक में फँसे हैं। आपकी एक महत्त्वपूर्ण मीटिंग छूटने वाली है। आपका दिल अधिक तेजी से धड़कने लगता है। आपकी साँसें तेज हो जाती हैं। मीटिंग छूट जाने की आपकी चिंता गुस्से में बदल जाती है। इस बीच, आपके सामने खड़ी गाड़ियों की भरमार आपकी चिड़चिड़ाहट और चिंता को बढ़ा देती है।

यह है आपकी तनाव पर प्रतिक्रिया, जो पूरे रंग में दिखती है। यह न केवल प्राथमिक प्रतिक्रिया को उकसा रही है, बल्कि प्रतिक्रिया भी अनावश्यक होने के साथ ही ऐसी है, जिसका कोई लाभ नहीं। ट्रैफिक जाम से जीवन पर कोई खतरा नहीं है, और आप उसका कुछ कर भी नहीं सकते। इसलिए आपको अपने तनाव से जूझने के लिए छोड़ दिया गया है।

तनाव पर आपकी प्रतिक्रिया जब अकसर आपात स्थितियों की गलत पहचान करती है तो आपको बार-बार भावनाओं के उबाल वाली स्थितियों में डालती है। यह जितनी बार होता है, आपके लिए इसे नियंत्रण में रखना उतना ही कठिन हो जाता है।

तनाव इच्छा-शक्ति को कैसे प्रभावित करता है

इच्छा-शक्ति और आत्म-नियंत्रण को लागू करने में बहुत अधिक मानसिक ऊर्जा खर्च होती है। जब ऐसे विकल्प सामने होते हैं, जो आपकी तात्कालिक इच्छाओं की पूर्ति का वादा करते हैं, तब आप अपने लक्ष्य के अनुरूप बुद्धिमानी भरे फैसले करने का प्रयास करते हैं। ऐसी स्थिति दिन में बार-बार पैदा होती है, जो हर बार आपकी ऊर्जा को कम करती है।

गंभीर और लाइलाज तनावकर्ताओं के लिए भी बहुत अधिक मानसिक ऊर्जा

की आवश्यकता पड़ती है। जैसा कि हमने ऊपर देखा, आपका दिमाग आपको हाई अलर्ट की स्थिति में ले जाकर तत्काल आपका ध्यान आकर्षित कराना चाहता है। यह भी हर दिन बार-बार और पूरे दिन होता है।

समस्या यह है कि इच्छा-शक्ति और व्यापक अर्थ में आत्म-अनुशासन को व्यवहार में लाना तथा गंभीर एवं लाइलाज तनावकर्ताओं पर आपके दिमाग की प्रतिक्रिया एक-दूसरे के विपरीत होती है। दोनों का ध्यान पूरी तरह से अलग मकसदों को पूरा करने पर होता है।

आप जब इच्छा-शक्ति का इस्तेमाल करते हैं तो आप अपने दूरगामी परिणामों को प्राप्त करने के लिए ऐसा करते हैं। उदाहरण के लिए, आप व्यायाम करते हैं, ताकि उम्र बढ़ने के साथ-साथ अपने स्वास्थ्य की रक्षा कर सकें। आप अपने ऊपर उपन्यास लिखने का दबाव डालते हैं, क्योंकि आप उसे अगले साल प्रकाशित होने का सपना देख रहे हैं। आप किसी सहकर्मी के फ्लर्ट करने को खारिज करते हैं, क्योंकि आप अपने विवाह को बनाए रखना चाहते हैं।

आपका दिमाग जब तनाव पर प्रतिक्रिया करता है तो इसका ध्यान अल्पकालिक परिणामों पर होता है। उदाहरण के लिए, आपको ट्रैफिक जाम पर गुस्सा आता है, क्योंकि यह आपको मीटिंग के लिए देर करवा रहा है। आप लंच नहीं करते, क्योंकि दोपहर में आपको निश्चित समय तक अपना काम निपटाना है। आप स्कूल में सामने खड़ी परीक्षा को पास करने के लिए हताशा में रट्टा मारते हैं।

ये दोनों प्रतिक्रियाएँ आपस में टकराती हैं। उनका आपस में कोई तालमेल नहीं है। लेकिन चूँकि तनाव प्रतिक्रिया का इतना शक्तिशाली शारीरिक प्रभाव होता है, इसलिए यह आपकी उस मानसिक ऊर्जा को चुरा लेती है, जो आपको इच्छा-शक्ति को लागू करने के लिए चाहिए।

यदि आपको लगातार तनाव होता रहता है तो यह प्रतिक्रिया आवेगों को नियंत्रित करने और अपने लक्ष्यों के प्रति समर्पित रहने की आपकी क्षमता पर पूरी तरह हावी हो सकती है।

इसलिए, अब हम आपके जीवन के गंभीर और पुराने तनावकर्ताओं को कम करने के व्यावहारिक उपायों पर विचार करते हैं।

तनाव से निपटने के व्यावहारिक उपाय

आपकी परिस्थितियों के अनुसार, निम्नलिखित सुझाव आपके लिए काम कर भी सकते हैं और नहीं भी। इनमें से कुछ बिल्कुल आपकी स्थिति के अनुसार बनाए गए लग सकते हैं, जबकि अन्य काम के नहीं हो सकते। देखने वाली बड़ी बात यह है कि अपने तनावकर्ताओं से निपटने और उनके प्रभाव को कम-से-कम करने की शक्ति एवं क्षमता शायद आपके पास है।

तनावकर्ता को लेकर अपनी धारणा पर प्रश्न करें—अगर कुछ है, जो आपको तनाव दे रहा है तो खुद से पूछें कि ऐसा क्यों है? क्या आपकी परिस्थिति ऐसी है कि तत्काल ध्यान दिया जाए? क्या इतना तत्काल है, जितना दिख रहा है? या आपका मस्तिष्क अनावश्यक रूप से अलार्म बजा रहा है? उदाहरण के लिए, मान लीजिए, कल आपकी परीक्षा है। आपका दिमाग आपको हाई अलर्ट पर रख रहा है, लेकिन आपकी तैयारी संभव है कि हो चुकी है।

काम बाँट दें—अगर काम का आपका बोझ बहुत अधिक है तो खुद से पूछें कि क्या किए जाने वाले कामों की सूचि में सारे कामों की जिम्मेदारी आपकी ही है। क्या कुछ काम और दूसरों को दे सकते हैं? क्या आप उन्हें दूसरों से करवा सकते हैं? ऑफिस में ऐसा ही करें (शायद आपका कोई सहकर्मी आपके एक-दो काम निपटा दे)। घर पर ऐसा करें (शायद आपके बच्चे आपके कुछ काम कर दें)।

अपना माहौल बदलें—दफ्तर का घुटन भरा माहौल भारी तनाव पैदा करता है। घर का माहौल भी खराब हो तो उतना ही तनाव होता है। खुद से पूछें कि क्या आपके पास ऐसे माहौल में रहने की मजबूरी है? क्या आप ऐसी नौकरी हासिल कर सकते हैं, जहाँ आपके बॉस एवं सहकर्मी और अधिक मददगार हों? क्या आप अपने रहने के माहौल को बदलकर कमरे के बुरे साथियों या परिवार के चालबाज सदस्यों से दूर जा सकते हैं?

माइंडफुलनेस ध्यान का अभ्यास करें—ध्यान लगाने को लोग अच्छा नहीं मानते हैं; लेकिन ऐसा इस कारण है, क्योंकि ज्यादातर लोग इसे ठीक से समझते नहीं। वे पालथी मारकर बैठे ऐसे व्यक्ति की कल्पना करते हैं, जो हाथों की उँगलियों को इस प्रकार फैलाए हुए है कि तर्जनी व अँगूठा एक-दूसरे को स्पर्श कर रहे हों। शायद पीछे से कोई घंटा बज रहा हो या शायद पानी बह रहा हो या मंत्रों का जाप किया जा रहा हो। सच यह है कि इस विषय पर पर्याप्त शोध हुआ है, जो बताता है

कि माइंडफुलनेस ध्यान से तनाव दूर होता है।[21, 22, 23]

अपना खयाल रखने को उच्च प्राथमिकता दें—पौष्टिक आहार लें। पर्याप्त नींद लें। हर दिन व्यायाम करें (धीमे-धीमे टहलना भी मायने रखता है)। अपनी भावनाओं पर नियमित रूप से नजर रखें। अपने आंतरिक आलोचक से कह दें कि वह कहीं चला जाए। जब जीवन व्यस्त हो, तब इन छोटी-छोटी बातों का खयाल आसानी से रखा जा सकता है। और ये कारगर हैं। अपने अनुभव से मैं कह सकता हूँ कि ये तनाव दूर करते हैं।

नए दोस्त बनाएँ—अलगाव और अकेलापन तनावपूर्ण होते हैं। अगर आप दुराव और अकेला महसूस कर रहे हैं तो नए लोगों से मिलने का प्रयास करें। किसी पेट शेल्टर में जाकर सेवा करें। स्थानीय बुक्स क्लब में शामिल हो जाएँ। कुकिंग क्लास करें। किसी ऐसे व्यक्ति से बातचीत शुरू करें, जो अकसर आपकी पसंदीदा कॉफी शॉप पर आता है। अगर आप अंतर्मुखी हैं तो यह कहना आसान और करना मुश्किल होगा। लेकिन जीवन को नई रोशनी में देखने के लिए बस एक नया दोस्त ही तो बनाना है।

किसी ऐसे से बात करें, जिस पर आपको भरोसा है—कुछ तनावकर्ता गंभीर और तत्काल होने के साथ ही लगातार परेशान करते हैं। उदाहरण के लिए, आपके किसी करीबी की मृत्यु हो गई हो, आपकी नौकरी चली गई हो, आप विवादग्रस्त तलाक से गुजर रहे हों, आप किसी गंभीर चोट या बीमारी से ग्रस्त हों। आपको चुप नहीं रहना है। आपको बाहर से कठोर नहीं होना है। किसी से बात कीजिए—कोई भरोसेमंद दोस्त, परिवार का कोई प्रिय सदस्य, कोई लाइसेंसधारी और अनुभवी थेरैपिस्ट।

हमने इस अध्याय में तनाव पर बात करने में इतना समय इस कारण खर्च

---

21. टैंग, वाई.; होल्जेल, बी.के. और पॉस्नर, एम.आई. (2015)। माइंडफुलनेस मेडिटेशन का तंत्रिका विज्ञान। नेचर रिव्यूज न्यूरोसाइंस, 16 (4) 213-225
22. खौरी, बी.; लेकोम्टे, टी.; फोर्टिन, जी.; मस्से, एम.; थेरियन, पी.; बाउचर्ड, वी.; चैपलो, एम.; पक्विन, के.; और हॉफमैन, एस. (2013). माइंडफुलनेस आधारित थेरैपी—एक व्यापक मेटा-विश्लेषण। क्लीनिकल साइकोलॉजी रिव्यू, 33 (6) 763-771
23. कोगियास, एन.; ग्युटर्स, डी.ई.एम.; क्रूस, एफ.; स्पेकेंस, ए. और हरमन्स, ई. जे. (2023)। तनावग्रस्त विश्वविद्यालय के छात्रों में तनाव नियंत्रण और संबंधित तंत्रिका-संज्ञानात्मक तंत्र पर माइंडफुलनेस आधारित तनाव कम करने के प्रभावों की जाँच करने वाले एक यादृच्छिक नियंत्रित परीक्षण के लिए अध्ययन प्रोटोकॉल—द माइंडरेस्ट स्टडी। मेडरिक्सव (कोल्ड स्प्रिंग हार्बर लैबोरेटरी)।

किया है, क्योंकि इसका आत्म-अनुशासन पर एक दुर्बल करने वाला और विनाशकारी प्रभाव होता है। एक बार जब आप अपने जीवन में तनावकर्ताओं का प्रबंधन सफलतापूर्वक कर लेते हैं तो आपको आवेग-नियंत्रण लागू करना और जब हार मानने का लोभ हो, तब आगे बढ़ते रहना बहुत आसान लगेगा।

अभ्यास-9

अपने जीवन के पाँच वर्तमान तनावकर्ताओं को लिखें। वे गंभीर या असाध्य हो सकते हैं। वे आपके कॅरियर या घरेलू जीवन से जुड़े हो सकते हैं। वे अन्य लोगों या किसी ऐसी बात से जुड़े हो सकते हैं, जिनसे आप अकेले ही निपट रहे हैं।

इसके बाद किसी ऐसे काम को लेकर मंथन करें, जो आप इन पाँचों तनावकर्ताओं के कारण पैदा हुए तनाव को दूर करने के लिए कर सकते हैं; सिर्फ एक काम।

उदाहरण के लिए, मान लीजिए कि सुबह दफ्तर जाने को लेकर आप तनाव में रहते हैं। आप साँस से जुड़े व्यायाम कर सकते हैं या घर से 10 मिनट पहले निकलें या कोई प्रेरक ऑडियो बुक सुनें।

मान लीजिए, आप अकेले हैं और इस कारण आपको तनाव हो रहा है। खुद से वादा करें कि उस दोपहर किसी एक अजनबी को 'हैलो' कहेंगे—ग्रोसरी स्टोर में, अपनी पसंदीदा कॉफी शॉप में या किसी स्थानीय पार्क में।

इस अभ्यास का उद्देश्य उस तनाव को कम करना नहीं, जिसे आप महसूस कर रहे हैं। इसके बजाय इसका प्रयास है कि आप तनाव दूर करने के लिए आसान तथा सक्रिय कदम उठाएँ, पर मंथन करें। इसे इस प्रकार बनाया गया है कि आपको एहसास हो कि आप पर्याप्त नियंत्रण में हैं—शायद जितना सोचते हैं, उससे कहीं अधिक।

आवश्यक समय : 10 मिनट

☐

कदम-10 : लड़खड़ा जाएँ तो खुद को माफ करें

~

"आप अपनी प्रत्येक विफलता के लिए खुद को माफ कर देते हैं, क्योंकि आप सही चीज करने का प्रयास कर रहे होते हैं।"

—माया एंजेलो

आत्म-अनुशासन में दक्षता प्राप्त करने की आपकी यात्रा सुगम नहीं होगी। आप उतार-चढ़ाव और सफलताओं-विफलताओं का अनुभव करेंगे। कभी-कभी अपने सामने के कार्य को अपना सबकुछ देने के दौरान आप अटल होकर अपने आवेगों को नियंत्रण में रखेंगे और विजय के उन पलों का जश्न मनाएँगे। कभी-कभी आप लड़खड़ाएँगे, आलस्य में डूब जाएँगे और अपने लक्ष्यों से अधिक महत्त्व तुरंत लाभ को देंगे। और आपको इसका पछतावा होगा।

यह पूरी तरह सामान्य है। प्रत्येक व्यक्ति, जो अपने आप में सुधार लाने का प्रयास कर रहा है, वह इस प्रक्रिया से गुजरता है। वह इस यात्रा का हिस्सा होता है। गलतियाँ सभी करते हैं। सभी विफलता का सामना करते हैं। सभी को पछतावा होता है।

लेकिन सभी अपने आप को माफ नहीं करते।

आप जब लड़खड़ा जाएँ तो आत्म-करुणा का प्रयोग करें। अपने आप को कोसने के बजाय खुद को उस दोष से मुक्त करें। अपने आप को क्षमा करने के इच्छुक रहें।

इसका तात्पर्य यह नहीं है कि आपको अपने खेदजनक निर्णयों और व्यवहारों को अनदेखा करना चाहिए या उनकी परवाह नहीं करनी चाहिए, न ही आपको उनके लिए बहाने बनाने चाहिए। इसके विपरीत, आपके लिए विफलताओं को मानना जरूरी है, ताकि आप पता लगा सकें कि ऐसा क्यों हुआ और उनसे सीख सकें।

आपकी गलतियाँ सीखने का अवसर हैं

हम कई कारणों से गलतियाँ करते हैं। कभी-कभी अपने विषय में जानकारी के अभाव के कारण हम अपनी कमजोरियों को पूरी तरह नहीं जानते और लोभ का विरोध करने की अपनी क्षमता को बहुत अधिक आँक लेते हैं। उदाहरण के लिए, हम गलती से चॉकलेट का एक टुकड़ा यह सोचकर खा लेते हैं कि हम उसके बाद और अधिक नहीं खाएँगे।

कभी-कभी ऐसा तनाव के कारण होता है। हम दबाव में होते हैं और राहत पाने के लिए (हैलो, चॉकलेट!) उस लालच के आगे घुटने टेक देते हैं। हमारी इच्छा-शक्ति समाप्त हो चुकी होती है और अनुशासित रहने के लिए हमने इतनी कसरत नहीं की होती है कि हमारे सिस्टम उसके लिए तैयार हों।

कभी-कभी अंदाजा लगाने में गलती हो जाती है। उदाहरण के लिए, हम दफ्तर जाने से पहले अपने आप को उतना समय नहीं देते हैं। हम भागम-भाग में रहते हैं और परिस्थिति बेकाबू लगती है। इसलिए हम पछतावा कराने वाले फैसले करते हैं, 'मेरे पास नाश्ता बनाने का समय नहीं, इसलिए यह डोनट खाना ही पड़ेगा।'

समस्या यह नहीं है कि हम गलतियाँ करते हैं। एक बार फिर बता दूँ कि यह सामान्य-सी बात है। समस्या यह है कि हम वही गलती बार-बार करते हैं। सबसे गंभीर बाधा यह है कि हम उनसे सीखने को तैयार नहीं रहते।

सारी गलतियाँ हमारे लिए सीखने का अवसर होती हैं। हम एक बार उन्हें जानें और उन्हें मान लें तो हम उनसे मिलने वाले सबक को सीख सकते हैं। हम पता लगा सकते हैं कि हमने गलती की, क्योंकि और सोच-विचार के बाद उन्हें दोबारा न करने के कदमों को तय कर सकते हैं।

यह प्रक्रिया हमें सशक्त अनुभव कराती है कि भविष्य में हम जो परिणाम चाहते हैं, उनकी दिशा में आगे बढ़ते हुए सक्रिय कदम उठा सकते हैं। यह हमारे भीतर खुद को माफ करने की इच्छा को बढ़ाती है, क्योंकि हमारा ध्यान आगे बढ़ने पर लगा होता है।

आपकी विफलताएँ सीखने का अवसर हैं

कई लोग इस कारण हार मान लेते हैं, क्योंकि वे विफल हो जाते हैं। वे ऐसे कदम उठाते हैं, जो उनकी आशाओं एवं अपेक्षाओं के सामने कम पड़ जाते हैं और वे हार मान लेते हैं। उनके लिए विफलता सफलता की सीढ़ी नहीं है। यह लक्ष्यों और आकांक्षाओं को छोड़ने का स्पष्टीकरण है।

वैसे, एक प्रकार से इसे समझा जा सकता है। विफलता हतोत्साहित करती है। कभी-कभी यह भावनात्मक रूप से कष्टदायी होती है। और जब दूसरे इसके बारे में जान लेते हैं तो यह शर्मसार भी कर सकती है। अटल रहने और फिर से असफल होने का जोखिम उठाने की तुलना में इसे छोड़ देना आसान होता है।

दूसरी तरफ, ऐसा करना अवसर से चूक जाना होता है। अगर हम अपनी विफलताओं को समझें और उनके कारणों की जाँच करें तो वे हमारे लिए उपयोगी बन जाती हैं। वे हमारे जीवन के पहलुओं के बारे में बताती हैं, जिन पर ध्यान देने की आवश्यकता है।

उदाहरण के लिए, मान लें कि आप हर सुबह जॉगिंग करना चाहते हैं, लेकिन किसी भी दिन ऐसा नहीं करते। यह मानकर अपने लक्ष्य को छोड़ने के बजाय कि आप ऐसा कभी नहीं कर पाएँगे, अपनी विफलता के कारणों का पता लगाएँ। उदाहरण के लिए, शायद आप···

- पूरी नींद नहीं लेते।
- बहुत देर से सोकर उठते हैं।
- अपने अलार्म का बटन बंद कर देते हैं।
- अनिश्चित हैं कि हर सुबह आप जॉग क्यों करना चाहते हैं।
- अस्वास्थ्यकर आहार के कारण थके रहते हैं।

एक बार आपने समस्या का पता लगा लिया तो आप उसे सुलझाने के कदम उठा सकते हैं। आप समय से सोने जाने का फैसला कर सकते हैं। आप 20 मिनट

पहले उठ सकते हैं और अपने अलार्म का बटन बंद करने से इनकार कर सकते हैं। आप जॉगिंग के पीछे अपने तर्क को स्पष्ट कर सकते हैं। अधिक ऊर्जा पाने के लिए आप अपने आहार में सुधार कर सकते हैं।

इस प्रक्रिया से गुजरने का वही प्रभाव होता है, जो गलती होने पर इससे गुजरने का होता है। हम सुधारात्मक कारवाई करने को लेकर सशक्त महसूस करते हैं। और चूँकि हमारा ध्यान आगे बढ़ने पर केंद्रित है, इसलिए हम खुद को दंड देने के बजाय खुद को माफ करने के इच्छुक रहते हैं।

असफल होना आपको असफल नहीं बनाता

आप अपनी गलतियों और असफलताओं को अपनी आत्म-छवि से जोड़ने के लिए मजबूर महसूस कर सकते हैं। आपको ऐसा महसूस हो सकता है, मानो वे आपको आपकी असलियत दिखा रहे हैं। यदि आपने अतीत में ऐसी चीजों के लिए आदतन खुद को डाँटा है तो यह जुड़ाव स्वाभाविक रूप से हो सकता है। यह आपको सही भी लग सकता है।

आपको अपनी गलतियों और असफलताओं तथा आप स्वयं को किस रूप में देखते हैं, उनके बीच का संबंध तोड़ देना चाहिए। आप वह नहीं हैं, जो आपकी गलतियाँ हैं। आप अपनी विफलता नहीं हैं। और इनमें से कुछ भी आपके संकल्प, मूल्यों एवं दृढ़ विश्वास या सीखने और सुधार करने की क्षमता का संकेत है।

आत्म-अनुशासन विकसित करने की राह बहुत लंबी है और यह उन काँटों व प्रलोभनों से भरी हुई है, जो लगातार आपको रास्ते से भटकाने का प्रयास करते हैं। आप कभी-कभार लड़खड़ा जाएँगे। आप समय-समय पर अपनी इच्छा के आगे समर्पण करेंगे। आप समय-समय पर गलतियाँ करेंगे।

अपने आप को दंड न दें। इसके बजाय अपने आप पर दया और सहानुभूति दिखाएँ। अपने को क्षमा करें। स्वीकार करें कि असफल होने से आप विफल सिद्ध नहीं हो जाते। यह आपको वह हासिल करने के करीब ले जाता है, जिसे आप पूरा करने के लिए निकले हैं। मुख्य बात यह है कि आप अपने निर्णयों और व्यवहारों के बारे में जानें।

अभ्यास-10

हाल के दिनों की तीन ऐसी घटनाएँ लिखें, जब आपने ऐसी गलती की, जिसे करने का आपका बिल्कुल भी इरादा नहीं था।

उदाहरण के लिए, जंक फूड न खाने का इरादा रखने के बावजूद आपने कैंडी बार खाया होगा। आपने यह जानते हुए भी अपने दोस्तों के साथ समय बिताया होगा कि आपको आनेवाली परीक्षा के लिए पढ़ाई करनी चाहिए। जिम जाने के बजाय आपने टेलीविजन देखने का फैसला किया होगा।

इन तीनों परिस्थितियों की समीक्षा करें। एक बार में एक की और खुद से पूछें कि आखिर क्यों आपने वह फैसला किया था? उदाहरण के लिए, शायद आपने इस कारण उस कैंडी बार को खाया होगा, क्योंकि आपने लंच नहीं किया था और आपको भूख लगी थी। शायद आप अकेलापन महसूस कर रहे थे और इस कारण अपने दोस्तों के साथ समय बिताया। शायद आप में बिल्कुल ताकत नहीं बची थी, इसलिए आपने जिम जाने के बजाय नेटफ्लिक्स को चुना।

इसके बाद इन फैसलों और अपनी आत्म-छवि के बीच के संबंध को तोड़ दें। स्वीकार करें कि आपने एक गलती की और खुद को याद दिलाएँ कि गलतियाँ अपरिहार्य होती हैं। महत्त्वपूर्ण बात यह है कि आप उन्हें दोहराने से बचें। और अब यह हमें इस अभ्यास के अंतिम चरण तक ले आया है।

उन कारणों का मुकाबला करने के तरीके तय करें, जिन्होंने आपको अपने फैसलों के लिए मजबूर किया। उदाहरण के लिए, आप रोजाना लंच करें, ताकि पेट भरा रहे और आपका मन कुछ मीठा खाने को न करे।

आप जब पछतावा और शर्म में डूबने के बजाय कारण पता लगाने का इरादा कर लेंगे तो तुरंत ही गलतियों के लिए खुद को माफ करने के इच्छुक हो जाएँगे।

आवश्यक समय : 15 मिनट

□

अतिरिक्त कदम-1 : अपने आप को किसी के प्रति जवाबदेह बनाएँ

~

"अधिकांश लोग इच्छा की कमी के कारण नहीं, बल्कि प्रतिबद्धता की कमी के कारण असफल होते हैं।"

—विंस लोंबार्डी

आप जब अपने आत्म-अनुशासन का निर्माण करते हैं, तब हमने उसकी प्रगति का पता लगाने के फायदों और तरीकों पर बात की थी (इस विषय पर अधिक जानकारी के लिए देखें—कदम-2)।

आपकी निगरानी प्रणाली आपके लिए अपनी प्रगति पर नजर रखने और अपने आप को अपने प्रति जवाबदेह बनाने के योग्य बनाती है। यह ऐसा कदम है, जो अनिवार्य है।

लेकिन आप जब अपने आप को किसी अन्य के प्रति जवाबदेह बनाते हैं तो वह अनोखा होता है। आप जब अपने लक्ष्यों तथा आकांक्षाओं के बारे में किसी को बताते हैं और कहते हैं कि आप उनसे क्या हासिल करना चाहते हैं, तो आप एक बहुत बड़ा वादा करते हैं। इस प्रकार की प्रतिबद्धता आपको इतना प्रेरित और उत्साहित करेगी कि वह अपने प्रति जवाबदेह बनाने की स्थिति में न कर सकती है और न करेगी।

जवाबदेही की शक्ति

जवाबदेह होने का अर्थ है कि आप अपने कार्यों और निर्णयों की जिम्मेदारी लेते हैं। इसका अर्थ यह स्वीकार करना है कि आप और केवल आप ही अपने परिणामों के लिए जवाबदेह हैं। सफलता या विफलता, जिम्मेदार आप हैं। बात आप पर आकर ही रुकती है।

जब आप खुद को दूसरे व्यक्ति के प्रति जवाबदेह बनाते हैं तो आप उस व्यक्ति को अपनी टीम का हिस्सा बनाते हैं। वे आपके पक्ष में होंगे। वे आपको प्रोत्साहित करेंगे। और यदि आप अपना वांछित परिणाम नहीं देते हैं तो वे आप पर आवश्यक कदम उठाने का दबाव बनाएँगे।

सही जवाबदेही साझेदार आपको सही राह पर बने रहने में मदद करेंगे। वे बाधाओं को पहचानने और उन्हें दूर करने में आपकी मदद कर सकते हैं। जब आप लड़खड़ाते हैं तो वे आपको अपने प्रति ईमानदार रहने और अपनी छोटी-छोटी जीतों का जश्न मनाने के लिए प्रोत्साहित करेंगे।

आपका जवाबदेही भागीदार एक साथ आपका साथी, विश्वासपात्र, सलाहकार और सहायता करने वाली टीम के जैसा है। ऐसा व्यक्ति अगर आपके साथ है तो आप अपना शत-प्रतिशत प्रयास करने के साथ ही जो भी आवश्यक हो, उसे करने के लिए प्रोत्साहित किए जाते हैं।

जवाबदेही के स्तर

और कुछ भी नहीं तो आपके जवाबदेही साझेदार को इतना तो देखना ही चाहिए कि आप सही राह पर हैं या नहीं। यह काम बस, एक साधारण से संदेश से हो सकता है, जहाँ वह आपसे पूछे, 'तुमने फलाँ-फलाँ काम आज कर लिया?' इसमें एक संक्षिप्त फोन कॉल भी हो सकती है, जिसमें आप अपनी ओर से किए गए कामों के बारे में बता सकते हैं। इसमें 5 मिनट की जूम मीटिंग भी शामिल हो सकती है, जिसमें आपका साझेदार आपको स्वयं अपनी ओर से तय की गई डेडलाइन और चेकपॉइंट्स की याद दिलाएगा।

यह एक मूल्यवान् व्यवस्था है और यह आपकी जरूरतों के लिए पर्याप्त हो सकती है। लेकिन इससे ऊँचे स्तर की जवाबदेही के प्रति संकल्पबद्ध होने के इससे भी अधिक लाभ होते हैं।

उदाहरण के लिए, हो सकता है, आप चाहें कि आपका साझेदार आपसे हर दोपहर विस्तृत प्रगति की रिपोर्ट माँगे। इसमें आपकी ओर से उठाए गए कदमों के साथ ही उन समस्याओं का जिक्र हो, जिनका सामना आपने किया। आपका जवाबदेही साझेदार आपसे ऐसे प्रश्न पूछ सकता है, जो उन समस्याओं की पहचान करने में आपकी मदद करें और भविष्य में उनसे बचने या उन्हें सुलझाने के तरीके विकसित किए जा सकें।

या आपका साझेदार आपकी भावनाओं पर गौर करे और उनके साथ जुड़े व्यवहारों का पता लगाने में आपकी मदद करे। उदाहरण के लिए, क्या जब आपको क्रोध आता है, तब आप जंक फूड खाते हैं? क्या जब आप तनाव में होते हैं, तब अपना रोजाना का व्यायाम छोड़ देते हैं?

आप किस प्रकार की साझेदारी और जवाबदेही का निर्माण करते हैं, यह पूरी तरह से आप पर निर्भर करता है। आप दोनों को इस प्रकार बनाते हैं कि वे आपके स्वभाव और आपकी आवश्यकताओं के अनुरूप हों।

एक उपयुक्त जवाबदेही साझेदार को कैसे ढूँढ़ें

आपका जवाबदेही साझेदार कई प्रकार का हो सकता है। उनमें भरोसेमंद और विश्वसनीय मित्र शामिल हो सकते हैं। वे कोई पूर्व कोच हो सकते हैं, जिन्होंने आपको प्रेरित और प्रोत्साहित किया हो। वे एक सलाहकार हो सकते हैं, जिनके साथ आप वर्तमान में काम कर रहे हैं। वे पूर्व व्यावसायिक साझेदार या वर्तमान सहकर्मी हो सकते हैं, या आपका साझेदार एक स्थानीय सहायता समूह या समान लक्ष्य वाले लोगों के एक ऑनलाइन समुदाय के रूप में हो सकता है।

आपके द्वारा चुना गया व्यक्ति (या समूह) एक महत्त्वपूर्ण पद पर होगा। वे आपकी सफलता में निर्णायक भूमिका निभाने वाले होंगे। इसलिए आप बुद्धिमानी से उन्हें चुनना चाहेंगे। यहाँ कुछ व्यावहारिक सुझाव दिए गए हैं—

सबसे पहले, तो आपका साझेदार निष्पक्ष होना चाहिए। उसे इस व्यवस्था को निष्पक्षतापूर्ण बनाना होगा। आप किसी ऐसे व्यक्ति को नहीं चाहेंगे, जो आपके साथ सहानुभूति रखे। आपके साथी को (आलोचनात्मक हुए बिना) उन कार्यों और व्यवहारों पर ध्यान आकर्षित करने के लिए तैयार रहना चाहिए, जो आपके इरादों के विपरीत हैं।

दूसरा, आपके साथी को आपका सम्मान और विश्वास प्राप्त होना चाहिए। उदाहरण के लिए, हो सकता है कि उन्होंने पहले से ही आत्म-अनुशासन में दक्षता हासिल कर ली हो, जिससे आपको उम्मीद हो कि आपको उनसे उनके जैसा सफल होने में मदद मिलेगी।

तीसरा, आपके साथी को यह प्रयास करना चाहिए कि आप उसके साथ सहज महसूस करें। याद रखें, आप अपनी छोटी-छोटी जीत और बड़ी सफलताओं के साथ-साथ उस व्यक्ति के साथ अपनी गलतियों और असफलताओं को भी साझा करेंगे। आप बिना किसी डर या शर्म के उसके साथ अपनी बातें साझा कर सकें।

उपयुक्त जवाबदेही साझेदार का चयन करने में जल्दबाजी न करें और पर्याप्त समय लें। शुरुआत में, आप जब सावधानी बरतेंगे तो यह तय हो जाएगा कि आपने किसी ऐसे व्यक्ति को चुना है, जो आपकी सहायता करेगा, न कि किसी ऐसे व्यक्ति को, जिसके कारण आपको लाभ से अधिक हानि उठानी पड़े।

अभ्यास-11

इस अभ्यास में दो चरण हैं। पहला, बताएँ कि आप किस प्रकार की जवाबदेही व्यवस्था को पसंद करते हैं? एकदम स्पष्ट रूप से बताएँ।

क्या आप चाहेंगे कि वह व्यक्ति दिन में एक बार मैसेज भेजकर आपसे जानकारी ले? या इसके बजाय आप दिन में दो बार जूम पर मीटिंग करना चाहेंगे? क्या आप चाहेंगे कि आपका पार्टनर पूछे कि आपने विशेष कार्यों और अभ्यासों को पूरा किया है या नहीं? या आप इससे भी गहरी पूछताछ को पसंद करेंगे?

याद रहे कि आप अपनी इच्छा के अनुसार किसी भी प्रकार की व्यवस्था बना सकते हैं। यही नहीं, उस दौरान आप इसमें बदलाव भी ला सकते हैं। सबसे महत्त्वपूर्ण बात यह है कि आपकी व्यवस्था आपके अनुकूल हो। यह ऐसी हो, जो आपको सही राह पर बने रहने की प्रेरणा और प्रोत्साहन दे।

दूसरा चरण है एक जवाबदेही साझेदार को चुनना। यह काम कागज पर

सबसे अच्छी तरह किया जा सकता है।

अपने जीवन में आए प्रत्येक व्यक्ति पर विचार करें, जो आपकी प्रेरणा का एक अच्छा स्रोत रहा है। उनके नाम लिख लें। प्रत्येक की समीक्षा करें और खुद से पूछें कि उस व्यक्ति ने क्या कभी आपके निर्णयों या व्यवहारों पर सकारात्मक प्रश्न खड़ा किया है? क्या उसने कभी विनम्रता से आपकी 'आलोचना की है' कि आपने कुछ ऐसा किया, जो आपके बताए लक्ष्यों और आकांक्षाओं के विपरीत था? यदि इसका उत्तर है नहीं, तो उस नाम को काट दें।

आपका आदर्श जवाबदेही साझेदार सूची में शामिल बाकी बचे नामों में से ही कोई होगा।

आवश्यक समय : 15 मिनट

□

बोनस कदम-2 : इनाम/परिणाम की एक प्रणाली बनाएँ

~

"कोई भी व्यक्ति स्वतंत्र नहीं, जो स्वयं अपना स्वामी नहीं है।"

—एपिक्टेटस

इससे पहले हमारी चर्चा इस विषय पर हुई कि हम जब ऐसे सिस्टम बना लेते हैं, जो हमारे कर्मों और व्यवहारों को निर्देशित करते हैं (इस विषय पर अधिक जानकारी के लिए देखें—कदम-8), तो आत्म-अनुशासन विकसित करना आसान हो जाता है। इन प्रणालियों और दिनचर्या के कामों में व्यक्तिगत आदतें शामिल रहती हैं, जिन्हें एक के बाद एक किया जाता है। ऐसी प्रणालियों के निर्माण के लिए अपेक्षित होता है कि हम उन आदतों को विकसित करें, जो उनका अभिन्न अंग बन जाएँ।

वर्ष 2012 में लेखक चार्ल्स दुहिग ने 'द पावर ऑफ हैबिट' पुस्तक लिखी, जिसमें 'हैबिट लूप' (आदतों की निर्बाध श्रृंखला) का वर्णन किया गया है। दुहिग कहते हैं कि यह श्रृंखला उन आदतों को स्थापित करने और उन्हें अपनाने को नियंत्रित करती है, जो हमारे जीवन का सामान्य हिस्सा बन जाते हैं। यह अच्छी और बुरी—दोनों प्रकार की आदतों को आकार देने में मदद करता है।

इस हैबिट लूप के तीन हिस्से होते हैं—

1. एक ट्रिगर, जो ऐसे व्यवहार को प्रेरित करता है।
2. उस ट्रिगर पर हमारी प्रतिक्रिया।
3. उस प्रतिक्रिया का इनाम।

ये तीनों ही हिस्से जहाँ अनिवार्य हैं, वहीं हम तीसरे पर ध्यान केंद्रित करने जा रहे हैं। इनामों का हमारे ऊपर एक बड़ा प्रभाव होता है। वे हमें एक विशेष रूप से व्यवहार करने के लिए प्रेरित करते हैं। वे हमारी निर्णय लेने की प्रक्रिया को प्रभावित करते हैं। और यदि उन्हें सही ढंग से लागू किया गया तो वे हमारे आत्म-अनुशासन को सुदृढ़ करने का एक सुलभ साधन बन जाते हैं।

परिणामों के प्रभाव पर चर्चा किए बिना हम इनामों के लाभकारी प्रभावों की चर्चा नहीं कर सकते हैं। दोनों ही प्रभावकारी होते हैं। दोनों ही हमारे व्यवहारों और निर्णयों को प्रभावित करते हैं। प्रश्न यह है कि अनुशासन लाने में क्या वे उतने ही प्रभावी होते हैं?

इनाम बनाम परिणाम—अधिक प्रभावी कौन?

इनामों और परिणामों की चर्चा अकसर क्रमश: सकारात्मक एवं नकारात्मक सुदृढ़ीकरण के संदर्भ में की जाती है। लेकिन उनके विषय में विचार करने का यह कुछ अधिक ही आसान तरीका है। यह उन जटिलताओं को अनदेखा करता है, जिन्हें एक कारगर इनाम/परिणाम प्रणाली को बनाने से पहले हमें स्वीकार करना ही होगा।

हमारे भीतर यह धारणा घर कर चुकी है कि सकारात्मक का अर्थ होता है 'अच्छा' और नकारात्मक का 'बुरा'। लेकिन हम जब कुछ विशेष व्यवहारों को प्रोत्साहित या हतोत्साहित करने के लिए इनामों और परिणामों का प्रयोग करते हैं, तो हमें इस सोच को थोड़ा बदलना होगा। हमें सकारात्मक को 'कुछ जोड़ने' और नकारात्मक को 'कुछ हटाने' के रूप में देखना होगा। इस संदर्भ में, दोनों का उपयोग नई धारणा को मजबूत करने और दंडित करने के लिए किया जा सकता है।

चलिए, पहले 'सकारात्मक' की बात करते हैं। मान लीजिए कि आप वजन कम करना चाहते हैं और आपने जंक फूड छोड़ने का फैसला कर लिया है। सकारात्मक विचार थिएटर जाने की इजाजत के रूप में आ सकते हैं। आप अपनी इच्छा के अनुसार तय व्यवहार (जंक फूड छोड़ना) को इनाम के अनुभव से जोड़ने

का वादा कर रहे हैं। सकारात्मक दंड अपने घर में बाथरूम साफ करने के रूप में दिया जा सकता है। आप अपनी इच्छा के आगे झुकने के लिए दंडित किए जाने का अनुभव जोड़ रहे हैं।

चलिए, अब उसी लक्ष्य का इस्तेमाल करते हुए 'नकारात्मक' पर विचार करते हैं। नकारात्मक विचार का एक उदाहरण अपने आहार से ब्रसल स्प्राउट को हटाने (या कोई ऐसी सब्जी को चुनना, जो आपको सहज रूप से परेशान कर दे) के रूप में आ सकता है। अपने अनुशासन को इनाम देने के लिए आप कोई ऐसी चीज हटा रहे हैं, जिससे आप घृणा करते हैं। नकारात्मक दंड का एक उदाहरण यह होगा कि आप अपनी इंटरनेट ब्राउजिंग पर पाबंदी लगा दें। अनुशासन की कमी का दंड देने के लिए आप कुछ ऐसा हटा रहे हैं, जिसमें आपको आनंद आता है।

इस संदर्भ में इनाम और परिणाम समान रूप से प्रभावी हो सकते हैं। आपके व्यवहार को स्वरूप देने में दोनों महत्त्वपूर्ण भूमिका निभा सकते हैं। दोनों आपको अपने आप को नियंत्रित रखने और जब हार मानने का दिल करे तो आगे बढ़ते रहने की प्रेरणा दे सकते हैं।

ऐसा सिस्टम कैसे बनाएँ, जो आपके ही लिए हो

इनामों और परिणामों का एक उत्पादक व विश्वसनीय सिस्टम बनाने के लिए आपको पहले पता लगाना होगा कि आप किससे प्रेरित होते हैं? क्या है, जो आप में काम करने का जोश भर देता है? क्या है, जो आपको खास तरीकों से व्यवहार करने के लिए उत्साहित करता है? आप जिन इनामों को चुनें, वे ऐसे हों, जिनकी आपको पर्याप्त इच्छा रहती है। इसी प्रकार, जिन परिणामों को आप चुनें, वे पर्याप्त रूप से अप्रिय होने चाहिए।

यदि आगे के आवश्यक कदम न उठाए जाएँ तो कोई भी प्रणाली प्रभावी नहीं हो सकती है। जब आपका दिल लालच पैदा करे कि आप कुछ और करें, लेकिन आप सफलतापूर्वक अनुशासित रहते हैं तो खुद को इनाम दीजिए। यदि आप अनुशासित नहीं रह पाते हैं तो खुद को सजा दीजिए। यदि आप लगातार आगे के कदम नहीं उठाएँगे तो इनामों और परिणामों का वादा अर्थहीन हो जाएगा। जब ऐसा होगा तो आप पर उनका कोई प्रभाव नहीं रह जाएगा।

स्पष्ट रूप से बताएँ कि आप खुद को कैसे इनाम या सजा देंगे? उदाहरण के

लिए, मान लीजिए कि अनुशासित रहने का आपका इनाम है सिनेमा देखने जाना। उस फिल्म को चुनिए, जो आप देखना चाहते हैं। शो का समय चुनिए। मान लीजिए कि अनुशासनहीनता के लिए आपका दंड है इंटरनेट ब्राउजिंग पर पाबंदी लगाना। उसका समय (उदाहरण के लिए, 45 मिनट) स्पष्ट रूप से तय करें। उसकी अवधि (जैसे कि शाम 7 बजे से 7.45 बजे तक) बताएँ।

अपने इनामों और परिणामों को एक-दूसरे से अलग रखें। उदाहरण के लिए, यदि आपका इनाम सिनेमा जाना है तो आपका परिणाम सिनेमा न जाना नहीं होना चाहिए। इसी प्रकार, यदि आपका दंड इंटरनेट ब्राउजिंग पर पाबंदी है तो इनाम इंटरनेट ब्राउजिंग की इजाजत देना नहीं होना चाहिए। आपने जो इनाम पहले अर्जित कर लिये हैं, उन्हें हटाने से आप हतोत्साहित होंगे और खुद से आपका विश्वास उठ जाएगा। उन परिणामों को हटाना, जिन्हें पहले ही लागू किया जा चुका है, उनके प्रभाव को कम करेगा और वे अर्थहीन हो जाएँगे।

अंत में अत्यधिक कठोर परिणामों से बचें। आपके लिए वे पर्याप्त रूप से अप्रिय होने चाहिए, ताकि आपके व्यवहार को प्रभावित करें, लेकिन इतने भयानक नहीं कि वे आपकी प्रेरणा को ही कुचल दें।

अभ्यास-12

यह अभ्यास बहुत सरल है। पहले तीन चीजें लिखिए, जिन्हें करने में आपको आनंद आता है।[24] आपकी सूची में सिनेमा जाना, खास व्यंजन खाना या कॉफी पर किसी दोस्त से मिलना शामिल हो सकता है।

दूसरा, तीन अतिरिक्त चीजें लिखें, जिन्हें करना आपको अच्छा लगता है,

---

24. तीन कारणों से मैं खरीदी गई वस्तुओं के बजाय अनुभवों का उपयोग इनामों के रूप में करने का सुझाव देता हूँ। पहला, अपनी छोटी-छोटी सफलताओं का इनाम देने के लिए आप में अधिक लचीलापन होगा। दूसरा, चीजें खरीदना हमेशा संतोषप्रद नहीं होता है। यह आकर्षण जल्दी ही समाप्त हो जाता है। तीसरा, आपके पैसे बचेंगे।

लेकिन उन्हें करने से आपको रोका जाए तो आपको उनकी कमी खलेगी। इसमें वीडियो गेम खेलना, मनोरंजन के लिए पढ़ना या टेलीविजन देखना शामिल हो सकता है।

आपकी दूसरी सूची में शामिल गतिविधियों पर पाबंदी लगाने का अर्थ होता है—नकारात्मक दंड देना। आप सकारात्मक दंड का इस्तेमाल भी कर सकते हैं। इसके उदाहरणों में अपने आप से जबरन 50 पुश-अप्स कराना, अपना बाथरूम साफ करना और जिस चैरिटी को आप पसंद न करते हों, उसे चंदा देना शामिल हो सकता है। मैं नकारात्मक दंड का इस्तेमाल करना पसंद करता हूँ। मेरे लिए यह काम करता है। लेकिन आपका सिस्टम आपके अनुसार बना होना चाहिए।

अंत में दोनों सूचियों में घालमेल न करें। अपने इनामों और परिणामों को अलग-अलग रखें।

आवश्यक समय : 10 मिनट

□

बोनस कदम-3 : एक रोल मॉडल की पहचान करें

~

"हम जिन्हें प्रशंसा के भाव से देखते हैं, उनके जैसा बनना चाहते हैं।"

—थॉमन मॉन्सन

एक जवाबदेही साझेदार ढूँढ़ने के सिवाय (इस विषय पर अधिक जानकारी के लिए देखें—बोनस कदम-1) अनुशासित बनने की आपकी यात्रा निजी ही रही है। आपने अपनी प्रेरणा, इच्छा-शक्ति और उत्साह पर निर्भर किया है। आपने ऐसे लक्ष्य बनाए और प्रणालियाँ विकसित कीं, जो किसी अन्य पर निर्भर नहीं करती हैं। चुनौतियों को दूर करने के लिए आपने अपनी क्षमता और संकल्प पर भरोसा किया।

अब आपको बाहरी दुनिया की ओर देखना है। आपको एक रोल मॉडल, एक आदर्श व्यक्ति ढूँढ़ना है।

यदि आप दिल से व्यक्तिवादी हैं तो आपके लिए एक रोल मॉडल ढूँढ़ना आपके स्वभाव के विपरीत होगा। आपको अपने दम पर चीजें करने की आदत पड़ चुकी है। मार्गदर्शन और प्रेरणा के लिए किसी और की तरफ देखना आपके लिए स्वाभाविक नहीं होगा। लेकिन यह संभव है कि इससे आपको लाभ होगा। आप जिस व्यक्ति को चुनते हैं, वह आपको आम रुकावटों को दूर करने, कठिनाइयों

पर विजय पाने और जब हार मानने का लोभ आए तो आपके प्रयासों को फौलादी बनाने में मदद करेगा।

रोल मॉडल आपकी पहचान को कैसे आकार देते हैं

अगर आप स्वच्छंदतावादी हैं, तब भी आपके जीवन में रोल मॉडल रहे होंगे। बचपन में मदद के लिए आप अपने माता-पिता पर निर्भर रहे होंगे और उनके कामों को देखकर आपने सीखा होगा। स्कूल में आपके दोस्तों और सहपाठियों ने आपको प्रभावित किया होगा। युवा वयस्क के रूप में जब आपने नौकरी शुरू की तो आपने किसी सहकर्मी को प्रशंसा की नजर से देखा होगा, जो असाधारण रूप से जानकार, दक्ष और प्रभावशाली लगा होगा।

ये रोल मॉडल कई तरह के उद्देश्यों को पूरा करते हैं। आपको जब समझ नहीं आ रहा था कि शुरुआत कैसे करे, तब उन्होंने आपको छलाँग लगाना सिखाया। सफलता से जुड़े जिन गुणों को आप अपने जीवन में लाना चाहते थे, उन्होंने उन्हें कई गुना बढ़ाया। उन्होंने ऐसी आदतों का प्रदर्शन किया, जो सफलता की संभावना को बढ़ाते और उसमें तेजी तक लाते हैं।

उन व्यक्तियों ने आपको यह दिखाकर प्रेरित किया कि राह की रुकावटों के बावजूद आप बहुत कुछ कर सकते हैं। उन्होंने आपको और अधिक हासिल करने और जब आप हार मानने के कगार पर थे, तब डटे रहने की प्रेरणा दी। आपको अनिश्चितता और भय के बावजूद उन्होंने नपा-तुला जोखिम उठाने के लिए उत्साहित किया।

बेशक, कोई भी रोल मॉडल परफेक्ट नहीं होता। उन्होंने भी अन्य सभी की तरह गलतियाँ कीं। लेकिन उनसे भी आपका ही फायदा हुआ। उनकी गलतियों को देखकर और यह समझकर कि उन्होंने कैसे सबक लेकर वापसी की, आपने अपनी सोच को बदला। गलतियों को दुःख भरे पश्चात्ताप और शर्म का कारण मानने के बजाय आपने उन्हें सीखने के अवसरों के रूप में देखा।

आसान शब्दों में कहें तो आपने जिन लोगों को जीवन भर आदर्श के रूप में देखा, भले ही अवचेतन रूप से ही सही, उन्होंने आपकी पहचान को ढाला है। अपने मूल्यों, विश्वासों और आकांक्षाओं सहित आप जो हैं, उसे स्पष्ट करने में उन्होंने एक भूमिका निभाई है।

आप जब आत्म-अनुशासन का निर्माण कर रहे हों, तब एक रोल मॉडल महत्त्वपूर्ण सहयोगी हो सकता है। बेशक, मूल मंत्र यह है कि आप उस काम के लिए सही व्यक्ति को चुनें।

एक उपयुक्त रोल मॉडल कैसे चुनें

किसी ऐसे व्यक्ति को चुनना आकर्षक होता है, जो एक मिसाल बन चुका होता है या उसके पास वह होता है, जिसे आप पाना चाहते हैं। उदाहरण के लिए, अगर आपका लक्ष्य वित्तीय अनुशासन है तो आप किसी अमीर व्यक्ति को चुन सकते हैं। अगर आपका लक्ष्य शारीरिक अनुशासन है तो आप ऐसे किसी को चुन सकते हैं, जो स्वस्थ दिखता है। अगर आपका लक्ष्य भावनात्मक अनुशासन है तो आप किसी ऐसे को चुन सकते हैं, जो शांत, आत्मविश्वास से भरा और संतुलित मिजाज वाला हो।

लेकिन आप यदि नहीं जानते कि उन लोगों ने कैसे धन इकट्ठा किया, कैसे शारीरिक स्वास्थ्य बनाया या भावनात्मक नियंत्रण हासिल किया, तो आप नहीं जान सकते कि वे उपयुक्त रोल मॉडल हैं या नहीं। आप नहीं जान सकते कि यदि उनमें चारित्रिक गुण हैं तो वे कौन से गुण हैं, जिनसे वे आज इस स्थिति तक पहुँचे हैं। या वे जिस परिस्थिति में दिख रहे हैं, वैसी उनकी परिस्थिति है भी या नहीं।

उदाहरण के लिए, हो सकता है कि उस धनी व्यक्ति को बेहिसाब भरोसे का लाभ मिला हो और वित्तीय रूप से अनुशासित होने के बजाय वह पैसे लुटाता हो। शायद वह व्यक्ति, जो स्वस्थ दिख रहा है, वह ऐसी अदृश्य बीमारियों से जूझ रहा हो, जिनका कारण उसकी कई बुराइयाँ हैं। शायद जो व्यक्ति शांत और विश्वास से भरा दिख रहा है, वह अपने क्रोध को दबाने में कुशल हो।

इन बातों को ध्यान में रखते हुए यह रही वह चीट शीट, जिससे एक सही रोल मॉडल को चुना जा सकता है। आप जिस व्यक्ति को चुनते हैं, वह—

- नियमित रूप से आवेग-नियंत्रण का प्रदर्शन करे।
- व्यक्तिगत और पारस्परिक सीमाएँ बनाए रखे।
- उस दिनचर्या का पालन करे, जो उसके इरादों के अनुरूप हो।
- सदैव अच्छी आदतें विकसित करे।
- बुरी आदतों को सुधारने का अतीत रखता हो।

- अपने लक्ष्यों के प्रति अटूट प्रतिबद्धता दिखाता हो।
- जानता हो कि वह अपना लक्ष्य क्यों हासिल करना चाहता है।
- व्यवस्थित रहे (उदाहरण के लिए, कार्य-सूचियों का उपयोग करे)
- निर्णायक हो।
- अपनी कमजोरियों को जानता हो।
- हमेशा समय-सीमा (स्वयं की तय की गई या किसी अन्य की) को पूरा करे।
- अपनी सफलता के संबंध में आपके प्रश्नों का उत्तर देने के लिए तैयार रहे।

आपने किसी में इन गुणों को देखा है तो समझिए, आपको एक उपयुक्त रोल मॉडल मिल गया है।

क्या एक नकारात्मक रोल मॉडल सहायक हो सकता है?

एक नकारात्मक रोल मॉडल वह व्यक्ति होता है, जिसमें ऐसे अवगुण होते हैं, जिन्हें आप अपने भीतर कम करना या पलटना या पनपने ही नहीं देना चाहते हैं। वह व्यक्ति ऐसे नतीजे को दिखाता है, जिनसे आप बचना चाहते हैं। वे सावधान करने वाली दास्तान की तरह होते हैं, जिनसे आप जान लेते हैं कि उनके नक्शे-कदम पर आप चले तो क्या हो सकता है!

"लोग आदर्श लोगों की तलाश करते हैं। अनादर्शों को ढूँढ़ना अधिक प्रभावी होता है—ऐसे लोग, जिनके जैसा आप बड़े होते हुए नहीं बनना चाहते हैं।"

—नसीम निकोलस तालेब

उदाहरण के लिए, कल्पना कीजिए (एक बार फिर) कि आप फिट होना चाहते हैं। इस लक्ष्य को हासिल करने के लिए आप हर दिन व्यायाम करने और अपने आहार से जंक फूड को हटाने का संकल्प लेते हैं। नकारात्मक रोल मॉडल एक ऐसा व्यक्ति होगा, जिसकी जीवन-शैली स्थिर है और जो डोनट्स व मिठाइयाँ खाता है, मीठे ड्रिंक पीता है। इन चीजों को चुनने के कारण ऐसा व्यक्ति अपने बढ़ते वजन, स्लीप एपनिया, ताकत की कमी, यहाँ तक कि डायबिटीज जैसी स्वास्थ्य की

गंभीर समस्याओं से भी जूझ सकता है।

एक नकारात्मक रोल मॉडल आपको अपने तरीके से प्रेरित और उत्साहित कर सकता है। वह उन परिस्थितियों का प्रतीक है, जिनसे आप बचना चाहते हैं।

अभ्यास-13

उन सभी लोगों के नाम लिखें, जो आपको अनुशासित लगते हैं। दोस्तों, परिवार के सदस्यों, सहकर्मियों, पड़ोसियों और परिचित लोगों पर विचार करें। उनके फैसले और उठाए गए कदमों को नोट करें, जो आपको अनुशासित लगते हैं।

इसके बाद ऊपर दी गई चीट शीट का इस्तेमाल कर यह पता लगाएँ कि आपकी सूची का प्रत्येक व्यक्ति एक अच्छा रोल मॉडल बन जाएगा या नहीं। अपना समय लें। इस प्रक्रिया में जल्दबाजी करने और हड़बड़ी में किसी को चुन लेने का फायदा कम और नुकसान अधिक होगा। जो नाम खरा न उतरे, उसे काट दें।

अब आपकी सूची में कम ही नाम बचेंगे।

उनमें से एक को चुन लीजिए।

पाँच प्रश्नों पर विचार मंथन कीजिए, जिन्हें आप उस व्यक्ति से उसके अनुशासन को लेकर पूछना चाहेंगे। उदाहरण के लिए, आप उनसे सीमाओं को तय करने और उन पर अटल रहने की उनकी प्रक्रिया के बारे में पूछ सकते हैं। आप पूछ सकते हैं कि वे अच्छी आदतें कैसे बनाते हैं और बुरी आदतों में कैसे सुधार करते हैं? आप उनसे यह बताने के लिए कह सकते हैं कि अनुशासन विकसित करने की राह में उनकी सबसे बड़ी बाधाएँ क्या थीं और उन्होंने उन्हें कैसे पार किया?

उस व्यक्ति से बात करें। उनसे पूछें कि क्या वे कुछ प्रश्नों के उत्तर देना चाहेंगे? अपने इरादों को स्पष्ट रूप से बताएँ। यदि वे व्यस्त हैं तो मुलाकात का समय लें और मिलने के इच्छुक रहें।

आवश्यक समय : 30 मिनट

□

आत्म-अनुशासन का आपका एक्शन प्लान—60 सेकंड का रिकैप

हमने बहुत सारी बातों पर विचार कर लिया है और एक दर्जन से अधिक अभ्यास पूरे कर लिये हैं। उम्मीद है कि इस दौरान हमने अपने बारे में काररवाई योग्य जानकारी प्राप्त कर ली है। चलिए, थोड़ी देर के लिए रुकते हैं और हमने जो सीखा है, उस पर झटपट एक नजर डालते हैं।

कदम-1 : छोटे, उद्‌देश्यपूर्ण, प्राप्त करने योग्य लक्ष्य बनाएँ

दूरगामी लक्ष्य अनिवार्य हैं, लेकिन बात जब आत्म-अनुशासन के निर्माण की आती है तो अल्पकालिक लक्ष्य और भी अनिवार्य हो जाते हैं। वे आपको वर्तमान के ऐसे लक्ष्य देते हैं, जिन्हें हासिल करना आपके लिए संभव होता है। और वे आपको तुरंत ही बता देते हैं कि आप सही दिशा में जा रहे हैं या नहीं। आपके लिए उन्हें टालना आसान नहीं होता और उन पर काररवाई करने की संभावना अधिक होती है।

कदम-2 : अपनी प्रगति पर नजर रखने का एक तरीका बनाएँ

यदि उस उक्ति को यहाँ संक्षेप में कहें, जिसका श्रेय अकसर प्रबंधन सलाहकार पीटर ड्रकर को दिया जा सकता है, तो हम कह सकते हैं, "आप जिसे

माप नहीं सकते, उसे बेहतर नहीं बना सकते।" अपनी प्रगति पर लगातार नजर रखने से आप अपने कदमों और निर्णयों के लिए अधिक जवाबदेह महसूस करते हैं। यह व्यक्तिगत जवाबदेही आपको कदम उठाने और ऐसे निर्णय करने के लिए उत्साहित करती है, जो आपके इरादों का समर्थन करते हैं।

कदम-3 : स्पष्ट रूप से समझें कि आप ऐसा क्यों कर रहे हैं

बिना उद्देश्य के इरादे निष्प्रभावी होते हैं। यदि आप नहीं जानते कि आप कोई चीज क्यों हासिल करना चाहते हैं, तो आप वास्तव में प्रतिबद्ध नहीं होंगे। यदि आप जानते हैं कि ऐसा क्यों कर रहे हैं, तो जब आपका दिल हार मानने और हार स्वीकार करने के लिए आप से कहेगा तो आप आगे बढ़ते रहने के लिए विवश हो जाएँगे। यह आपको प्रेरित करेगा कि आप अपने क्षणिक आवेगों का विरोध कर भविष्य में अधिक-से-अधिक पुरस्कारों का आनंद लें।

कदम-4 : प्रतिरोध का प्रबंधन करना सीखें

आप जब अपने आत्म-अनुशासन का निर्माण कर रहे होंगे और उसे बेहतर बना रहे होंगे, तब आपको विरोध का सामना करना पड़ेगा। आंतरिक प्रतिरोध (जैसे कि नकारात्मक भावनाएँ) और बाहरी प्रतिरोध (जैसे कि ध्यान भटकाने वाली वातावरण से जुड़ी बातें) रुकावटें खड़ी करेंगे। पहले को आप अपने उद्देश्य से जुड़ी किसी भावनात्मक प्रेरणा से जोड़कर दूर करने का प्रयास करें। दूसरे का मुकाबला सीमाओं को तय कर और उन्हें बनाए रखकर करें।

कदम-5 : अपने त्याग को स्पष्ट करें

आत्म-अनुशासन विकसित करने के लिए त्याग करना पड़ता है। आपको मालूम होना चाहिए कि समर्पित रहने के लिए आप किस चीज का त्याग करेंगे। आप यह समझें कि आत्म-अनुशासन के निर्माण की आपको वर्तमान में और भविष्य में क्या कीमत चुकानी पड़ेगी। एक बार आपने त्याग की प्रकृति का पता लगा लिया है तो खुद से पूछिए कि आप वास्तव में उसे करने के लिए तैयार हैं? यह आपके संकल्प को स्वरूप और शक्ति देता है।

कदम-6 : '10-10-10' नियम का उपयोग करें

आपकी भावनाएँ वर्तमान को भविष्य के ऊपर प्राथमिकता देती हैं। वे खुशी-खुशी आपकी इच्छाओं और आवेगों को खुली छूट देंगी, क्योंकि सुख भोगने का सबसे तेज रास्ता वही है। '10-10-10' नियम आत्म-अनुशासन को छोड़ने के संबंध में आपसे दीर्घकालिक दृष्टिकोण अपनाने के लिए कहता है। यह अस्थायी रूप से आपकी भावनाओं को रोकता है, ताकि आप तर्कसंगत व उद्देश्यपूर्ण निर्णय ले सकें, जो आपके लक्ष्यों के अनुरूप हों।

कदम-7 : प्रशिक्षण से असुविधा को गले लगाना सीखें

असुविधा से बचा नहीं जा सकता, विशेष रूप से जब आप कुछ ऐसा हासिल करने का प्रयास कर रहे हों, जिसमें एकाग्रता और प्रयास की आवश्यकता होती है। उससे बचने के बजाय जो असंभव है, उसे गले लगाएँ। सबसे पहले अपनी अपेक्षाओं में बदलाव करें कि आप उसका अनुभव करेंगे (और निश्चित रूप से करेंगे)। फिर अपने लचीलेपन को बेहतर बनाने के लिए प्रतिरोध और अंतराल प्रशिक्षण का उपयोग करें।

कदम-8 : कदमों को सिस्टम में बदलें

अपने आप को नियंत्रित रखने और जब आप हार मानना चाहते हों, तब आगे बढ़ते रहने के लिए आप इच्छा-शक्ति या प्रेरणा पर भरोसा नहीं कर सकते। दोनों ही कुछ समय में समाप्त हो जाती हैं। इस कारण वे भरोसे के योग्य नहीं हैं। दिनचर्या और सिस्टम उनसे श्रेष्ठ होते हैं। एक बार वे आदत का हिस्सा बन गए तो आपके सारे मुश्किल काम वही किया करेंगे।

कदम-9 : तनावकर्ताओं का प्रबंधन और उन्हें कम-से-कम करें

तनाव आत्म-अनुशासन का विरोधी है, क्योंकि यह भावनात्मक प्रतिक्रिया को उत्तेजित करता है (याद रखें, आपकी भावनाएँ वर्तमान का पक्ष लेती हैं)। भले ही तनाव जीवन का एक हिस्सा है, लेकिन सभी तनाव आवश्यक नहीं हैं। व्यर्थ के

तनावों को कम करें और अपरिहार्य तनावों को प्रबंधित करें, ताकि आप पर उनके इकट्ठे हुए प्रभाव को कम किया जा सके।

कदम-10 : लड़खड़ा जाएँ तो खुद को माफ करें

प्रश्न यह नहीं है कि आप लड़खड़ाएँगे या नहीं? प्रश्न यह है कि ऐसा कब होगा? गलतियाँ सभी करते हैं। सभी पछताने वाले फैसले करते हैं। ऐसा जब आपके साथ होता है तो अपने आप पर दया करें। अपने आप को माफ करें और अपनी गलतियों में छिपे सबक को ढूँढ़ें। यदि आप अपनी गलतियों और दुर्भाग्यपूर्ण निर्णयों को सीखने के अवसरों के रूप में देखेंगे तो आपका झुकाव अपने लक्ष्यों की ओर समर्पित रहने की दिशा में कहीं अधिक होगा।

बोनस कदम-1 : अपने आप को किसी के प्रति जवाबदेह बनाएँ

जवाबदेही अपने कदम की जिम्मेदारी लेना सिखाती है। आपको जब अपने व्यवहारों और निर्णयों के लिए जवाब देना पड़ता है तो आप उनके प्रति अधिक जिम्मेदार महसूस करते हैं। सही जवाबदेही साझेदार आपको सही दिशा में बढ़ते रहने और आपको उत्साहित करने के साथ ही बाधाओं की पहचान करने में मदद करता है। लेकिन इस व्यक्ति को सावधानी से चुनें।

बोनस कदम-2 : इनाम/परिणाम की एक प्रणाली बनाएँ

इनाम और परिणाम अपेक्षित व अनपेक्षित व्यवहारों को (क्रमशः) उत्साहित एवं हतोत्साहित करते हैं। पता लगाएँ कि आपको क्या प्रेरित करता है और क्या है, जो आपको स्वीकार्य नहीं? इस जानकारी का उपयोग कर इनाम और दंड की ऐसी उपयुक्त प्रणाली बनाएँ, जो आपको अनुशासित रहने के लिए प्रेरित करेगी।

बोनस कदम-3 : एक रोल मॉडल की पहचान करें

प्रेरणा के लिए दूसरों को देखे बिना आत्म-अनुशासन में दक्षता प्राप्त करना संभव है। लेकिन आप अगर दक्षता के अपने रास्ते को उनके रास्ते को देखकर

छोटा कर सकें तो इसमें बुराई क्या है? एक अच्छा रोल मॉडल सफलता का एक सच्चा रोडमैप दे सकता है, जिसमें यह शामिल होगा कि गलतियों से कैसे बचना है और उनसे कैसे उबरना है!

□

भाग-3

जीवन भर अनुशासित कैसे रहें

~

आत्म-अनुशासन विकसित करना आपकी यात्रा का पहला चरण है। निश्चित रूप से, यह सबसे महत्त्वपूर्ण चरण है, लेकिन यह शुरुआत भर है। किसी भी कौशल की तरह आत्म-अनुशासन का अभ्यास उसे पैना बनाए रखने के लिए लगातार किया जाना चाहिए। किसी मांसपेशी को जिस प्रकार ताकतवर बनाए रखा जाता है, उसी प्रकार इसका भी व्यायाम होना चाहिए।

कभी-कभी अल्पकालिक लक्ष्यों (जैसे कि 15 पाउंड वजन कम करना, फाइनल परीक्षा के लिए पढ़ना आदि) को प्राप्त करने के लिए यदि आप अनुशासन विकसित करते हैं तो यह ठीक है। लेकिन आप आत्म-अनुशासन को इस कारण विकसित करना चाहते हैं, ताकि जब चाहें, उसका लाभ उठा लें, तो समझिए कि आपका काम अभी नहीं हुआ है।

वास्तव में आपका काम सच में कभी नहीं होगा।

अभ्यास के साथ आप खुद को मानसिक, शारीरिक और भावनात्मक रूप से नियंत्रण में रख सकते हैं; लेकिन ऐसा करना कभी आसान नहीं होता है।

अपने लक्ष्यों के प्रति समर्पित रहना आसान लग सकता है, लेकिन इसका कारण अधिकांशतया यह होता है कि आपने उन प्रणालियों को लागू किया है, जो आपके इरादों का समर्थन करती हैं। काम में जुटे रहना और अपना सबकुछ लगा देना स्वाभाविक लग सकता है; लेकिन इसका कारण यह है कि आपने अपने आप

को और अधिक परिश्रम करने का प्रशिक्षण दिया है।

यह स्वाभाविक रूप से नहीं होता। इसमें प्रयास लगता है और सतर्क रहना पड़ता है। ऐसा स्वाभाविक रूप से नहीं होता है। मूल बात यह है कि यदि आप जीवन भर अनुशासित रहना चाहते हैं तो आपको अपने आत्म-अनुशासन की मांसपेशी को लगातार व्यायाम कराना होगा। आपको संयम, आवेग-नियंत्रण और आत्म-त्याग का अभ्यास बार-बार करना होगा। आपके भीतर जब हार मानने का लोभ पैदा हो, तब समय-समय पर आपको तनाव की घड़ी में असुविधा के बीच थोड़ी और मेहनत करने की अपनी इच्छा की परीक्षा लेनी चाहिए।

तो चलिए, आपके आत्म-अनुशासन को एक आदत में बदलते हैं।

□

आत्म-अनुशासन की अपनी आदत बनाना

~

"प्रगति करने का रहस्य है—शुरुआत करना।"

—मार्क ट्वेन

'आत्म-अनुशासन के विषय में सामान्य भ्रांतियाँ' खंड में हमने यह जाना कि कोई भी जन्म से ही आत्म-अनुशासित नहीं होता। यह ऐसा है, जिसे हम सीखते हैं, अपनाने का फैसला करते हैं और सुधार के लिए परिश्रम करते हैं। हम सब एक ही स्थान से शुरुआत करते हैं—शिशुओं के रूप में, जब हमारा अपने ऊपर शून्य आत्म-नियंत्रण होता है। जीवन में आगे चलकर हम इसे विकसित करते हैं (या अपने आवेगों को खुली छूट देते हैं)।

यह अच्छी खबर है, क्योंकि हम जन्मजात क्षमता या स्वाभाविक गुण पर निर्भर नहीं रहते हैं। आत्म-अनुशासन ऐसा कौशल नहीं, जिसे कुछ लोग विकसित कर सकते हैं, जबकि दूसरे नहीं कर सकते। यह ऐसा गुण नहीं, जिसे कुछ लोग विकसित कर लेते हैं, जबकि दूसरे नहीं कर सकते। हम में से हर एक आत्म-अनुशासन का निर्माण कर सकता है, उसे सुदृढ़ कर सकता है और आखिर में उसमें दक्षता प्राप्त कर सकता है।

दक्षता के लिए प्रयास से कुछ अधिक लगाना पड़ता है। इसके लिए परिश्रम करना पड़ता है। इसके लिए निरंतर अभ्यास करना पड़ता है। इसके लिए सतत

प्रतिबद्धता की आवश्यकता पड़ती है। हमें प्रतिबद्धता को एक कौशल या योग्यता से कुछ अधिक समझना होगा। हमें इसे जीवन भर की एक आदत के रूप में मानना और बदलना ही होगा।

नई आदतों को बार-बार लागू करना आवश्यक होता है

आपने बेशक, यह सुना होगा कि नई आदतें बनाने में निश्चित संख्या में कुछ दिन लगते हैं। उदाहरण के लिए, कॉस्मेटिक सर्जन मैक्सवेल माल्ट्ज ने अपनी पुस्तक 'साइको-साइबरनेटिक्स' में दावा किया कि ऐसा करने में 21 दिन लगते हैं। शोधकर्ता डॉ. फिलिपा लैली के लिखे एक अध्ययन ने कहा कि इसके लिए 18 से 254 दिन तक लग सकते हैं।[25] कई लोगों का दावा है कि 30 दिन की समय-सीमा आदर्श है; लेकिन यह शायद इस कारण, क्योंकि यह कैलेंडर में आसानी से फिट हो जाती है।

अभी इसे रहने ही देते हैं कि इसमें कितने दिन लगते हैं। इसके बजाय चलिए, अधिक महत्त्वपूर्ण सबक पर ध्यान लगाते हैं—यदि आप आत्म-अनुशासन की आदत डालना चाहते हैं तो आपको संबंधित काररवाइयों को नियमित रूप से करना होगा।

उदाहरण के लिए, मान लीजिए कि आप प्रतिदिन 8 गिलास पानी पीने की आदत डालना चाहते हैं। आपको अपने आप को इसका प्रशिक्षण देना होगा कि जब सामान्य रूप से आप कॉफी, सोडा या शुगर वाले एनर्जी ड्रिंक की ओर हाथ बढ़ाएँ तो उनके बजाय आपके हाथ में पानी का गिलास होना चाहिए। इसे कारगर बनाने का एक ही रास्ता है, आदत बनाने का एक ही रास्ता है कि आप इसे बार-बार करें।

या मान लें कि आप एक छात्र हैं और आपके ग्रेड खराब हो रहे हैं, क्योंकि आप पढ़ाई को पर्याप्त समय नहीं दे रहे हैं। आपको अपने आप को प्रशिक्षित करना होगा कि जब आपके भीतर टेलीविजन देखने या सोशल मीडिया ब्राउज करने की इच्छा हो, तब आप पढ़ाई करें। यह प्रशिक्षण तभी आपके काम आएगा, जब आप ऐसा बार-बार करेंगे।

---

25. लैली, पी.; वैन जार्सवेल्ड, सी.एच.एम.; पॉट्स, एच.डब्ल्यू.डब्ल्यू. और वार्डले, जे. (2009)। आदतें कैसे बनती हैं—वास्तविक दुनिया में आदत-निर्माण के प्रतिमान गढ़ना। यूरोपियन जर्नल ऑफ सोशल साइकोलॉजी, 40 (6) 998-1009

छोटे-छोटे कदम कमाल के नतीजे देते हैं

संभव है कि महत्त्वाकांक्षी गतिविधियों से प्रेरित होकर आपके भीतर आत्म-अनुशासन के निर्माण का लालच पैदा हो। ऐसा मत कीजिए। आमतौर पर यह विफलता, निराशा और हताशा के रूप में सामने आता है। नए साल के नाकाम संकल्प, जो बहुत बड़े और साहसी लगते हैं, व्यावहारिक रूप से एक मीम बनकर रह जाते हैं।

इसके बजाय छोटे-छोटे कदमों से आत्म-अनुशासन का निर्माण कीजिए। आक्रामक योजना के साथ तेजी से बढ़ने के बजाय एक निश्चित गति को बनाए रखें। आगे की ओर विस्फोटक छलाँग लगाने के बजाय क्रमिक सुधार पर ध्यान दें।

एक छोटा तथा प्राप्त करने योग्य लक्ष्य चुनें और छोटे-छोटे कदम तय करें, जिन्हें आप उसके लिए उठा सकते हैं। उदाहरण के लिए, मान लीजिए कि आप हर दिन व्यायाम करने का फैसला करते हैं। ये रहे कुछ छोटे-छोटे कदम, जो आप उठा सकते हैं—

- दस मिनट तक टहलें।
- दस पुश-अप्स, सिट-अप्स या स्क्वैट्स करें।
- हर सुबह अपने ऑफिस में सीढ़ियों का इस्तेमाल करें।
- अपने घर के एक कमरे की वैक्यूम क्लीनर से सफाई करें।

अब आप समझ चुके हैं, ये छोटी-छोटी गतिविधियाँ हैं, जो बहुत थोड़े समय में की जा सकती हैं। यही नहीं, ये इतनी सामान्य और आसान हैं कि इन्हें नहीं करने का बहाना नहीं बनाया जा सकता।

और यहाँ सबसे महत्त्वपूर्ण बात यह है कि इन्हें बार-बार करने से ये आपकी दिनचर्या का हिस्सा बन जाती हैं। ये आदत में शुमार हो जाती हैं। ये आपके स्वभाव का हिस्सा लगने लगती हैं। इसलिए जब आप इन्हें नहीं करते तो अजीब लगता है। यही है आत्म-अनुशासन की आदत बनाने का रहस्य। यह आदत को बनाए रखने का भी रहस्य है।

और सबसे अच्छी बात क्या है ? समय के साथ-साथ छोटे-छोटे कदम लगातार प्रभावित करने वाले परिणाम देते हैं। उदाहरण के लिए, हर हफ्ते 1 पाउंड वजन कम करने का अर्थ है—एक साल में 50 पाउंड से अधिक वजन घटाना। हर दिन शाम को नॉन-फिक्शन के 10 पन्ने पढ़ने का अर्थ है—हर महीने एक पुस्तक को पढ़ लेना।

आत्म-अनुशासन विकसित करने का तात्पर्य अनावश्यक रूप से बड़े व

मुश्किल लक्ष्य तय करना और क्रांतिकारी कार्य-योजनाएँ बनाना नहीं है। इसमें छोटी-छोटी चीजें शामिल रहती हैं, जिन्हें आप नियमित रूप से करते हैं, जो धीरे-धीरे आपके आवेग-नियंत्रण, दृढ़ता और सहन-शक्ति को बेहतर बनाती हैं।

अपनी बाधाओं का डटकर मुकाबला करें

हम इस खंड के अभ्यास पर जाएँ, उससे पहले एक आखिरी नोट। भाग-1 में हमने बाधाओं पर चर्चा की और भाग-2 में आंतरिक विरोध (विरोध पर और अधिक जानकारी के लिए देखें—कदम-4) के बारे में बात की। कई लोग इन बातों को नजरअंदाज करते हैं, कम-से-कम शुरुआत में। उदाहरण के लिए, वे लगातार टाल-मटोल करते रहे हैं, लेकिन ऐसा करने की अपनी प्रवृत्ति को स्वीकार नहीं करते। या वे अकसर फालतू की चीजों पर पैसे खर्च करते हैं, लेकिन जान-बूझकर ऐसे व्यवहार से नजरें चुराते हैं।

अपनी व्यक्तिगत बाधाओं और दुर्बलताओं को अनदेखा करना आत्म-अनुशासन की आदत विकसित करने की हमारी कोशिश को धीमा कर देता है। अगर हम उनका सामना करने से बचते रहे तो वे कभी सुलझ नहीं पाएँगे और हमारे रास्ते में बाधाएँ खड़ी करते रहेंगे।

अगर आपने किसी बाधा की पहचान कर ली है तो उसका सीधा मुकाबला करें। उसे नजरअंदाज न करें। बाद में उससे निपटने के लिए उसे ठंडे बस्ते में न डालें। उसकी ओर तुरंत ध्यान दें। यह पता लगाएँ कि आप उसे क्यों कर रहे हैं और छोटे-छोटे कदम तय करें, जिनसे आप उस प्रवृत्ति पर लगाम लगा सकते हैं।

उदाहरण के लिए, अगर आप जॉगिंग करना चाहते हैं, लेकिन टाल-मटोल कर रहे हैं तो अपने जॉगिंग वाले जूते पहनने का संकल्प लें। और फिर जब भी जॉगिंग टालने का मन करे, तब-तब ऐसा करें। अगर आप पैसे बचाना चाहते हैं, लेकिन मन पर नियंत्रण खोकर पैसे खर्च कर डालते हैं तो खरीदारियों को 24 घंटे के लिए टालने का संकल्प लें।

सबसे महत्त्वपूर्ण बात—अपनी बाधाओं की पहचान होते ही उनका डटकर मुकाबला करें। इसकी पूरी संभावना है कि उन्हें दूर करना आपकी कल्पना से कहीं अधिक आसान होगा।

अभ्यास-14

एक छोटा सा लक्ष्य चुनें, जिसे आप हासिल करना चाहेंगे। (उस क्रैश कोर्स का इस्तेमाल करें, जिस पर हमने कदम-1 में लक्ष्य-निर्धारण को लेकर बात की थी।)

इसके बाद तीन सामान्य और सरल कदमों की पहचान करें, जिन्हें आप रोजाना इस लक्ष्य के करीब आने के लिए उठा सकते हैं। उनमें जितना कम समय लगे, उतना ही अच्छा। याद रहे कि इस अभ्यास में हम परिणाम को लेकर चिंतित नहीं हैं। हमारा ध्यान प्रगति करने पर है।

आखिर में इन तीन चीजों को रोज करने का समय तय करें। उन्हें संयोग पर न छोड़ें। उन्हें बस अपने किए जाने वाले कामों की सूची में न डालें। अपने कैलेंडर में उन्हें एक स्थान दें। आप सभी तीन के लिए एक ही समय के खंड को निर्धारित कर सकते हैं।

अब यह हर दिन उन्हें निर्धारित समय पर करने भर की बात रह गई है।

आवश्यक समय : 10 मिनट

□

आत्म-अनुशासन की अपनी आदत को सुदृढ़ करना

~

"महान् लोगों के जीवन के बारे में पढ़ने के बाद मैंने यह पाया कि उनकी पहली विजय अपने ऊपर थी¨उन सभी ने पहले आत्म-अनुशासन विकसित किया।"

—हैरी एस. ट्रूमैन

इस पूरी पुस्तक में हमने आत्म-अनुशासन की तुलना एक मांसपेशी से की है। आप जब इसका इस्तेमाल करते हैं तो यह ताकतवर हो जाती है। और जब इसका इस्तेमाल नहीं करते तो यह कमजोर पड़ जाती है।

इस समरूपता को आगे बढ़ाते हुए कहें तो आपकी मांसपेशियों को निरंतर रख-रखाव की आवश्यकता होती है। दैनिक शारीरिक गतिविधि आपको मांसपेशियों को बनाए रखने में मदद करती है। इसी तरह, प्रतिदिन आत्म-अनुशासन का अभ्यास आपको आवेग-नियंत्रण और लचीलापन बनाए रखने में मदद करता है।

अब, जब आपने अपनी आत्म-अनुशासन की आदत विकसित कर ली है तो इसे सुदृढ़ करना महत्त्वपूर्ण है। अन्यथा यह कुम्हला जाएगी और आपने जितना समय व प्रयास लगाया है, सब बरबाद हो जाएगा।

किस्मत से इन 'मांसपेशियों' को आसानी से सुदृढ़ किया जा सकता है।

इसके लिए बस थोड़ी सी प्लानिंग चाहिए। और बेशक, एक बार प्लान बन गया तो आपको हमेशा उसे आगे बढ़ाते रहने की जरूरत होगी।

छोटे-छोटे प्रयोगों की शक्ति

आपके कई लक्ष्य महत्त्वाकांक्षी और दूरगामी होते हैं। हम मैराथन दौड़ना चाहते हैं, कोई दूसरी भाषा सीखना चाहते हैं या अच्छे माता-पिता या जीवनसाथी बनना चाहते हैं। हम कोई डिग्री हासिल करना चाहते हैं, फिच होना चाहते हैं या अपना पहला घर खरीदना चाहते हैं।

बड़ा दूरगामी लक्ष्य होना महत्त्वपूर्ण है। लेकिन वे आत्म-अनुशासन की हमारी आदत को सुदृढ़ करने में हमारी मदद नहीं करेंगे। कम-से-कम तब तक नहीं, जब तक कि हम उन्हें छोटे-छोटे लक्ष्यों में विभाजित नहीं कर देते। एक बार हमने उन्हें विभाजित कर दिया तो अपनी आत्म-अनुशासन की मांसपेशियों के 'स्ट्रेस टेस्ट' के प्रयोग कर सकते हैं।

मैं उन्हें प्रयोग कहता हूँ, क्योंकि कुछ सफल होंगे और कुछ नहीं। दोनों ही नतीजे हमारे उद्देश्य के लिए स्वीकार्य हैं। महत्त्वपूर्ण बात यह है कि हम उन्हें नियमित रूप से करते हैं। ऐसा करने से हमारे आत्म-अनुशासन की मांसपेशियों की कसरत हो जाती है, जिससे उनकी वैसी देखभाल हो जाती है, जो आवश्यक होती है।

इसका एक उदाहरण इस प्रकार है—

मान लीजिए कि वर्षों तक बिना व्यायाम वाली जीवन-शैली जीने के बाद आप सही आकार में आना चाहते हैं। यह एक बड़ा लक्ष्य है, जिसे प्राप्त करने में काफी समय लगेगा। लेकिन उस लक्ष्य में अनेक छोटे-छोटे लक्ष्य छिपे रहते हैं। यदि आप बड़े लक्ष्यों को छोटे-छोटे हिस्सों में बाँटते हैं तो अपने आत्म-अनुशासन को सुदृढ़ करने के लिए आपके पास कोई कमी नहीं होगी। उदाहरण के लिए, आप यह कह सकते हैं कि—

- लंच के बाद आप जो मीठा नाश्ता करते हैं, उसे छोड़ दें।
- हर सुबह दस पुश-अप्स करें।
- सुबह के नाश्ते के बाद 15 मिनट टहलें।
- हर 30 मिनट पर खड़े हों और हाथ-पैर हिलाएँ।

- पेस्ट्री खाने के बजाय नाश्ता तैयार करें।
- बाहर से खाना लाने के बजाय डिनर बनाएँ।
- सुबह उठकर दो गिलास पानी पिएँ।

ये तो बस कुछ उदाहरण हैं। ऐसे अनगिनत प्रयोग हैं, जो आप कर सकते हैं। फिर से बता दें कि हमारे इस उद्देश्य के मामले में नतीजा इतना महत्त्वपूर्ण नहीं है। यदि ये प्रयोग आपको अपेक्षित परिणाम देने में विफल भी रहे, तब भी ये आपके आत्म-अनुशासन को सुदृढ़ करेंगे। महज ऐसी चीजों को नियमित रूप से करने से, जो आपके आवेगों का मुकाबला करते हैं, आत्म-अनुशासन मजबूत होता है।

आवश्यक नहीं कि ये छोटे-छोटे प्रयोग आपके दूरगामी लक्ष्यों से जुड़े हों। वे अपने आप में ही पूरे हो सकते हैं। ये रहे कुछ उदाहरण, जिन्हें आप एक सप्ताह के दौरान आजमा सकते हैं—

- कॉफी पीना छोड़ दें।
- अनावश्यक चीजें खरीदना बंद करें।
- अतिरिक्त चीनी वाली खाने की सभी चीजों से बचें।
- रात 9 बजे तक टी.वी. देखना छोड़ दें।
- शाम 5 बजे तक इंटरनेट ब्राउज न करें।
- अपना फोन दोपहर तक बंद रखें।
- 30 मिनट तक नॉन-फिक्शन पढ़ें।
- 30 मिनट तक कोई लेख लिखें।
- किसी ऑनलाइन कोर्स का 30 मिनट तक अध्ययन करें।

ये बस कुछ उपाय हैं, जो आपको छोटे-छोटे प्रयोगों पर मंथन करने की प्रेरणा दे सकते हैं। मूल मंत्र है ऐसी चीजों को नियमित रूप से करना, जो आपकी स्वाभाविक प्रवृत्तियों और इच्छाओं का विरोध करते हैं।

अनुशासन के अपने प्रयोगों का समय तय करें

किसी भी आदत की तरह यह सुनिश्चित करने के लिए कि आप अपने आत्म-अनुशासन को सुदृढ़ कर सकेंगे, उससे जुड़े कामों (या इस मामले में प्रयोगों) का समय निर्धारित करें। आप जब उनका समय निर्धारित कर लेते हैं तो इसकी आशंका कम होगी कि आप उन्हें छोड़ देंगे। ऐसे काम आपके रुटीन का

हिस्सा बन जाते हैं, जैसे सोने जाने से पहले अपने दाँत ब्रश करना। एक बार वे आपके रुटीन का हिस्सा बन जाते हैं तो उन्हें नियमित रूप से करना एक अनबोध, यानी काम करने के बाद विचार आने जैसा बन जाता है।

यदि आप अपने प्रयोगों को निर्धारित नहीं करते हैं तो तत्काल कामों के सामने उन्हें किनारे किए जाने की संभावना अधिक होगी। जीवन जितना व्यस्त होता जाता है, अपने खाली समय को हम उतना ही अधिक मूल्यवान् मानने लगते हैं। जीवन जब अस्त-व्यस्त हो जाता है तो प्रयोगों को छोड़ने को हम आसानी से सही ठहरा देते हैं। इसलिए उस लालच को दूर करने के लिए उनका समय निर्धारित करें।

जो प्रयोग दिन के अलग-अलग समय के साथ होते हैं, उनका निर्धारण करना आवश्यक नहीं है। उदाहरण के लिए, यदि आप हर हफ्ते शाम 5 बजे तक सोशल मीडिया ब्राउज करने से दूर रहने का फैसला करते हैं तो आपको उसे कैलेंडर पर लिखने की जरूरत नहीं है। समय उस प्रयोग के साथ जुड़ चुका है।

अन्य प्रयोगों का समय निर्धारित किया जाना चाहिए। उदाहरण के लिए, यदि आप 30 मिनट नॉन-फिक्शन पढ़ने का संकल्प लेते हैं तो 30 मिनट के उस समय का हिस्सा सुनिश्चित करें और उसे अपने रोजाना के कैलेंडर पर लिखें। उस समय को सुरक्षित रखें और आप पाएँगे कि आप उसका इस्तेमाल सिर्फ पढ़ने के लिए करना चाहेंगे।

छोटी-छोटी जीत के लिए खुद को पुरस्कृत करें

जैसा कि चार्ल्स दुहिग ने बताया था, उसी के अनुसार हमने पहले हैबिट लूप के बारे में (इस पर और अधिक जानकारी के लिए देखें—बोनस कदम-2) बात की थी। याद कीजिए कि इनाम इस लूप के तीन अनिवार्य अंगों में से एक है। जब किसी आदत का विकास किया जा रहा हो, तब यह पुरस्कार दो उद्देश्यों को पूरा करता है। पहला, यह प्रेरणा देता है। दूसरा, यह मस्तिष्क को उस लूप को याद रखने में मदद करता है। आप जितनी बार इस प्रकार कार्य करते हैं कि कोई पुरस्कार मिले, आपको उतने ही कम आंतरिक विरोध का सामना भविष्य में उस कदम को उठाते हुए करना पड़ेगा।

तय करें कि आप जो प्रयोग करना चाहते हैं, उसे पूरा करने पर आप अपने आप को कौन सा छोटा पुरस्कार देंगे। आदर्श रूप से यह पुरस्कार उस चाह या इच्छा को पूरा करेगा, जो आपकी होगी।

उदाहरण के लिए, मान लीजिए कि आज आपने 30 मिनट तक सफलतापूर्वक नॉन-फिक्शन पढ़ा। आप अपने आप को एक पुरस्कार के रूप में खुद को सोशल मीडिया ब्राउजिंग के लिए 10 मिनट का समय देना चाहेंगे। यह आपकी अपनी पसंदीदा सोशल मीडिया साइट पर जाने की गहरी इच्छा को पूरा करेगा। इस दौरान, और इससे भी अधिक महत्त्वपूर्ण रूप से, यह आपके आत्म-अनुशासन की आदत के लूप को मजबूत कर आपको प्रयोग जारी रखने के लिए प्रेरित करेगा।

अभ्यास-15

दस छोटे-छोटे प्रयोगों पर मंथन करें, जिन्हें आप एक सप्ताह तक रोजाना कर सकते हैं। यह आपके दीर्घकालिक लक्ष्यों (उदाहरण के लिए, फिट होने के लिए दोपहर के अपने मीठे नाश्ते को छोड़ना) को दिखा सकता है और उनका समर्थन कर सकता है। या वे अपने आप में निहित प्रयोग (उदाहरण के लिए, अपनी सुबह की कॉफी को छोड़ना) हो सकते हैं।

इसे करने का मैंने जो सबसे अच्छा तरीका ढूँढ़ा है, वह है किसी एक व्यक्तिगत बुराई की पहचान करना और ऐसा प्रयोग करना, जो इसका विरोध करता है। उदाहरण के लिए, मैं ऐसे कई यूट्यूब वीडियो देखता हूँ, जो फिल्मों का विश्लेषण करते हैं। इसलिए मैं रात 8 बजे तक यूट्यूब देखना छोड़ सकता हूँ। इसके लिए (मुझमें) अनुशासन चाहिए होगा।

इसके बाद रोजाना एक प्रयोग को सफलतापूर्वक करने के लिए एक छोटा पुरस्कार तय कीजिए। उदाहरण के लिए, रात 8 बजे तक यूट्यूब को छोड़ने के लिए मेरा पुरस्कार ऐसे दो वीडियो देखना हो सकता है, जो फिल्मों का विश्लेषण करते हैं और जिन्हें देखने में मुझे आनंद आता है।

मेरी सिफारिश है कि कम-से-कम शुरुआत में एक बार में एक ही प्रयोग करें। इसे इस तरह सोचिए कि आप पहली बार जिम जा रहे हों। आप सारे व्यायाम और वहाँ के एक-एक उपकरण का इस्तेमाल करने में तीन घंटे नहीं बिताना चाहेंगे।

यह तो आपके लिए खुद को नुकसान पहुँचाने का ही एक अच्छा तरीका हो सकता है। जैसे–जैसे आत्म–अनुशासन की आपकी आदत विकसित होती है, अनेक प्रयोगों को एक साथ करते हुए अपनी 'मांसपेशियों' का तनाव परीक्षण करना जारी रखें।

आवश्यक समय : 20 मिनट

□

आत्म-अनुशासन की अपनी आदत का प्रबंधन करना

~

"जो लौ अपनी क्षमता से दोगुना उजाला करती है, वह आधी देर तक ही जल पाती है।"

—लाओ त्ज़ू

हमने एक-दूसरे के साथ अपना अधिकांश समय इस पर बातचीत करते हुए बिताया है कि तृप्ति को दूर कैसे किया जाए, और जब आप हार मानने वाले हों, तब आगे कैसे बढ़ते रहें? हमारा उद्देश्य अपने दूरगामी लक्ष्यों और आकांक्षाओं को प्राप्त करना है। भविष्य के लाभ का सुख भोगने के लिए हम अपने तत्काल के आवेगों पर अंकुश लगाते हैं।

संक्षेप में, यही आत्म-अनुशासन है।

लेकिन बहुत दूर तक जाना संभव है। एकनिष्ठ संकल्प के साथ अपने दूरगामी लक्ष्यों को प्राप्त करने के लिए हम इतने प्रतिबद्ध हो सकते हैं कि वर्तमान में अपना बहुत कुछ त्याग सकते हैं। हम अभी भी अपने जीवन की गुणवत्ता को भविष्य में बेहतर जीवन के लिए छोड़ सकते हैं।

अत्यधिक आत्म-अनुशासन फलदायी और सम्मानजनक (यहाँ तक कि सदाचारी) भी लग सकता है; लेकिन इसकी बहुत भारी कीमत चुकानी पड़ती है।

भविष्य में यह लाभ दिला सकता है, उसके बावजूद यह पछतावे का कारण भी बन सकता है।

अत्यधिक आत्म-अनुशासन के खतरे

आप किसी-न-किसी ऐसे व्यक्ति को जानते होंगे, जो बहुत अधिक काम करता है। यह व्यक्ति दिन-रात, यहाँ तक कि शनिवार-रविवार को मिलाकर, हर सप्ताह 80 घंटे से ज्यादा काम करता है। वह शायद ही कभी छुट्टियों पर जाता है। बीमार रहने पर भी वह काम करता है। अगर उसके जीवनसाथी और बच्चे हैं तो भी वह शायद ही उनके साथ समय बिताता है।

एक तरफ तो यह व्यक्ति अनुशासित दिखता है। काम के प्रति उसकी गहरी प्रतिबद्धता और जो बलिदान वह लगातार करता है, उसे हम आखिर कैसे समझ सकते हैं? दूसरी तरफ, यह कहा जा सकता है कि उसका समर्पण और उसका त्याग हद से ज्यादा है। उसने अपने अच्छे जीवन को ही खो दिया है।

इस जाल में फँसना आसान होता है। मैं खुद भी इसमें फँस गया था, जब मेरे पास एक कॉरपोरेट नौकरी थी। उसका कोई लाभ नहीं मिला। उसकी कीमत बहुत ज्यादा थी। मेरा स्वास्थ्य बिगड़ गया। मेरा मानसिक स्वास्थ्य खराब हो गया। मेरा भावनात्मक नियंत्रण कम हो गया। मेरे संबंध बिगड़ते चले गए। मैंने कुछ लक्ष्यों को हासिल कर लिया, लेकिन मेरे जीवन की गुणवत्ता औसत स्तर तक गिर गई।

आप जितना सोचते हैं, यह समस्या उससे कहीं अधिक आम है। जरा उस एथलीट के बारे में सोचिए, जो अभ्यास और प्रशिक्षण के लिए इस उम्मीद में सबकुछ छोड़ देता है कि किसी दिन पेशेवर स्तर पर वह प्रतियोगिता में हिस्सा ले सकेगा। उस संगीतकार के बारे में विचार कीजिए, जो अपनी विधा में सिद्ध होने के लिए दिन-रात एक कर देता है, ताकि किसी दिन दुनिया उसके बारे में जाने। निवेश बैंकर का खयाल कीजिए, जो कॉफी और अवैध पदार्थों का नशा कर हर सप्ताह इस उम्मीद में 100-100 घंटे काम करता है, ताकि एक दिन वह अमीर बन जाए। संभव है कि वह अपने लक्ष्यों को प्राप्त कर ले, लेकिन इसके लिए उसे अपनी बरबादी के तौर पर कीमत चुकानी पड़ेगी।

आत्म-अनुशासन की चर्चा आमतौर पर इस दृष्टि से की जाती है कि आपने उसे विकसित कर लिया तो आपको उसका लाभ किस प्रकार होगा। इसे समझा जा

सकता है, क्योंकि यह एक ऐसा कौशल है, जो आपको जीवन भर सार्थक लाभांश देता रहेगा। इसके जिस हिस्से की चर्चा नहीं होती, वह यह है कि कैसे आत्म-अनुशासन की अति करने से बचा जाए। यदि आपकी सफलता पर पछतावा भारी है तो यह खतरनाक असंतुलन का संकेत देता है।

एक स्वस्थ संतुलन कैसे बनाएँ

आत्म-अनुशासन की अपनी आदत को प्रबंधित करने के लिए आप दो काम कर सकते हैं। पहला, अपने उद्देश्य की समीक्षा करें (इस विषय पर और अधिक जानकारी के लिए देखें—कदम-3)। खुद से पूछें कि आप अपने जीवन के इस क्षेत्र में अनुशासित क्यों होना चाहेंगे? क्या आपका उद्देश्य यथार्थवादी है? अपने लक्ष्यों को प्राप्त करने में आपके सामने क्या मुश्किलें हैं? इन मुश्किलों और उनके कारण आपको जो त्याग करना पड़ेगा, उसे देखते हुए क्या आपका लक्ष्य तार्किक है?

उदाहरण के लिए, मान लीजिए कि आप गिटार बजाना सीखना चाहते हैं। दक्ष होने के लिए काफी समय और प्रयास की आवश्यकता होगी। इसके लिए अनुशासन चाहिए। इसलिए, यह सोचिए कि इस लक्ष्य को लेकर आपकी प्रेरणा क्या है? क्या आप गिटार बजाना सीखना चाहते हैं, क्योंकि इससे आपको खुशी मिलेगी? या आप किसी विश्व-प्रसिद्ध बैंड में शामिल होकर सबसे लोकप्रिय संगीतकार बनने की इच्छा रखते हैं? क्या आपका लक्ष्य यथार्थवादी है? क्या यह उचित है?

संतुलन बनाने के लिए आप जो दूसरी चीज कर सकते हैं, वह है अपनी आत्म-करुणा की क्षमता को बढ़ाना। जैसा कि हमने कदम-2 में बात की, अपनी यात्रा के दौरान आप लड़खड़ाएँगे। इससे बच नहीं सकते। कभी-कभी आप ऐसे फैसले करेंगे, जो आपके इरादों के विपरीत होंगे। कभी-कभार आप अपने आवेगों से हार मान लेंगे। ऐसा हो तो आपको खुद को माफ करने की अपनी क्षमता विकसित करनी चाहिए।

उदाहरण के लिए, मान लीजिए कि आप रोज 3 घंटे गिटार बजाने का संकल्प लेते हैं। बेशक, ऐसे भी दिन आएँगे, जब आपको उतना समय देने का मन नहीं करेगा। अगर आप खुद पर करुणा दिखाएँ तो आप अपने आप को अति करने से रोक सकते हैं। आप अपने जीवन की गुणवत्ता को खतरे में डालने वाले कठोर मापदंडों को बनाए रखने के बजाय कभी-कभी अपने आवेगों को मौज करने की

छूट देने के अधिक इच्छुक होंगे।

इस प्रकार आप संतुलन प्राप्त कर लेंगे।

आत्म-अनुशासन के इस पहलू को समझने में मुझे काफी समय लग गया। मैं आत्म-करुणा को कमजोरी और संकल्प में कमी के जैसा समझता था। यह भयंकर भूल थी—एक ऐसी चूक, जो मुझे अब समझ आ रहा है कि मैं भारी और बेवजह की कीमत थोप रहा था।

मैंने आखिर में जब खुद पर करुणा दिखाने के महत्त्व को समझ लिया तो मैंने देखा कि मैं आत्म-अनुशासन की अपनी आदत का प्रबंधन बेहतर तरीके से कर पा रहा था। मुझे संतुलन मिल गया। मैंने अति को छोड़ दिया, अपने लक्ष्यों की ओर प्रेरित करने वाली मंशाओं की समीक्षा की और खुद को थोड़ी छूट दी। और मैंने महसूस किया कि मेरा जीवन अब बेहतर हो रहा है।

मेरे विचार से, इसे जितनी बार कहा जाए, उतना कम है कि आत्म-अनुशासन का यह पहलू, जिसे अकसर नजरअंदाज किया जाता है, वह कितना महत्त्वपूर्ण है! आत्म-करुणा की क्षमता के बिना अनुशासन की राह पर आगे बढ़े तो लगभग निश्चित है कि पछतावे और शर्म का सामना करना पड़ेगा।

अभ्यास-16

कोई एक लक्ष्य चुनें, जिसे आप प्राप्त करना चाहेंगे। उन बलिदानों के बारे में सोचें, जो उसे प्राप्त करने में आपको करने पड़ेंगे। उन्हें लिख लें।

इसके बाद उस लक्ष्य की दिशा में बढ़ने के अपने कारण पर विचार कीजिए। आप उसे क्यों हासिल करना चाहते हैं? फिर, खुद से पूछिए कि क्या आपका लक्ष्य यथार्थवादी है?

आखिर में तीन चीजें लिखिए, जो आप अपने अनुशासन और वर्तमान अच्छे जीवन के बीच स्वस्थ संतुलन बनाए रखने के लिए कर सकते हैं।

उदाहरण के लिए, मान लीजिए कि आप खाने की ऐसी सारी चीजों को छोड़

देंगे, जिनमें अतिरिक्त शुगर होता है। इसका तात्पर्य होगा—अपनी सारी पसंदीदा मीठी चीजों और नाश्तों को छोड़ना। इसका तात्पर्य होगा—मीठे ड्रिंक्स को कभी हाथ न लगाना। इसमें जन्मदिन की पार्टियों और सामाजिक मेल-मिलाप के अवसरों पर मीठा खाने से इनकार करना।

अब आप खुद से पूछिए कि आप मीठी चीजें क्यों छोड़ना चाहते हैं? क्या आपका कारण उचित है?

इस पर विचार कीजिए कि क्या शुगर को पूरी तरह छोड़ना यथार्थवादी है? या यह अतिवाद है? क्या आप ऐसा महसूस किए बिना इसे छोड़ सकते हैं कि आप अपने जीवन की वर्तमान गुणवत्ता का बलिदन नहीं दे रहे हैं?

अंत में ऐसे तीन तरीके बताइए, जिनसे आप कभी-कभार खुद को मजे लेने की छूट दे सकते हैं। इसके कुछ उदाहरण इस प्रकार हैं—

- एक चीट डे मनाएँ (या चीट मील खाएँ)।
- अपनी पसंदीदा मीठी चीज को एक पुरस्कार का रूप दें।
- सामाजिक आयोजनों में अपने आप को छूट दें।

यह स्वतंत्रता आपकी आत्म-अनुशासन की आदत में थोड़ा लचीलापन लाती है। यह आपको संतुलन बनाने और अति करने से बचने में मदद करती है। यह मान लें कि आपके लक्ष्य उचित हैं, तब भी आप अपने वर्तमान अच्छे जीवन को नष्ट किए बिना उन्हें हासिल कर सकते हैं।

आवश्यक समय : 20 मिनट

□

जीवन-शैली से जुड़ी पसंदों का आत्म-अनुशासन की आदत पर प्रभाव

"आत्म-अनुशासन सिर्फ तभी दंड बन जाता है, जब कोई और उसे लागू करता है। जब आप खुद को अनुशासित करते हैं तो यह सजा नहीं, सशक्तीकरण है।"

—लेस ब्राउन

इस पूरी पुस्तक के दौरान हमने कदम-दर-कदम की प्रणाली को अपनाते हुए आपके आत्म-अनुशासन को विकसित और सुदृढ़ करने पर ध्यान दिया है। यह प्रणाली एक व्यवस्थित तरीके पर जोर देती है, प्रभावी लक्ष्य-निर्धारण, उद्‌देश्य के स्पष्टीकरण, विरोध-नियंत्रण और तनाव-प्रबंधन जैसे कदमों को प्राथमिकता देती है। इनके साथ ही अन्य कदम भी आपकी सफलता के लिए महत्त्वपूर्ण हैं।

लेकिन आपकी जीवन-शैली के विकल्प एक महत्त्वपूर्ण भूमिका निभा सकते हैं। अच्छे विकल्प आत्म-अनुशासन की आपकी नई आदत को सहारा देंगे। खराब विकल्प इसे गंभीर रूप से कमजोर करेंगे।

जीवन-शैली के विकल्प आवेग-नियंत्रण को कैसे प्रभावित करते हैं

किसी ऐसे समय को याद कीजिए, जब आपने खुद को शारीरिक, मानसिक और भावनात्मक रूप से बेहद थका हुआ महसूस किया होगा। उस समय ध्यान केंद्रित करना शायद कठिन था, अच्छे निर्णय लेना आसान नहीं था और भावनात्मक नियंत्रण ने साथ छोड़ दिया था या पूरी तरह खो चुका था। उस समय आपका आत्म-नियंत्रण कमजोर पड़ गया, जिससे आप अपने आवेगों के आगे अधिक आसानी से घुटने टेकने की स्थिति में आ गए।

अब एक ऐसे समय को याद कीजिए, जब आप ऊर्जा से भरे रहे हों। आपके लिए ध्यान केंद्रित करना आसान था। आप उद्देश्यपूर्ण निर्णय ले रहे थे, जो आपके इरादों और लक्ष्यों में आपकी मदद कर रहे थे। अपनी भावनाओं पर आपने लगाम कस रखी थी। उस समय शायद आपका आत्म-नियंत्रण कमाल का था।

ऐसे कई कारक हैं, जो इसे प्रभावित करते हैं कि आप हर दिन कितने थके या ऊर्जा से भरे हैं। अच्छी खबर यह है कि आप उन्हें नियंत्रित कर सकते हैं। आपको इन विकल्पों को चुनना होगा।

अपने आहार पर विचार करें। यदि आप बहुत अधिक रिफाइंड शुगर लेते हैं तो जैसे ही चीनी से मिली ताकत खत्म होगी (और यह बहुत तेजी से खत्म होती है), आप खुद को सुस्त और चिड़चिड़ा महसूस करेंगे। इसके साथ ही आप चीनी नहीं लेंगे, तब भी पोषण संबंधी कमी से थकान और संज्ञानात्मक कमजोरी का अनुभव करेंगे।[26] इसे आप नियंत्रित करते हैं।

अपनी नींद की अवधि और गुणवत्ता पर विचार कीजिए। आवश्यकता से कम सोने से आप थका हुआ महसूस करेंगे और तनाव एवं नकारात्मक भावनाएँ आप पर अधिक हावी होंगी।[27] भले ही ऐसा न लगे, लेकिन नींद पर आपका काफी नियंत्रण रहता है।

शराब पर विचार कीजिए। यह आपके संतुलन को प्रभावित करने से कहीं

---

26. लाचांस, एल. और रैमसे, डी. (2015)। 'भोजन, मनोदशा और मस्तिष्क स्वास्थ्य—आधुनिक चिकित्सक के लिए निहितार्थ'। पबमेड, 112 (2) 111-115

27. सगीर, जेड.; सैयदा, जे.एन.; मुहम्मद, ए.एस. और अब्दुल्ला, टी.एच.बी. (2018)। 'अमिग्डला, बकाया नींद, नींद की कमी और क्रोध की भावना : संभावित संबंध?' क्यूरियस।

आदि प्रभाव डालती है, बोली को अस्पष्ट कर देती है और आपसे ऐसी चीजें करवाती है, जिसके बारे में अगले दिन आपके दोस्त आपका मजाक उड़ाएँगे। यह आपकी नींद की गुणवत्ता को कम कर सकती है। बेशक, शराब नींद ला सकती है (कौन है, जिसने बहुत अधिक शराब पी लेने के बाद किसी दोस्त को नींद में जाते नहीं देखा है?), लेकिन उस नींद की गुणवत्ता आमतौर पर खराब होती है। नोट करने वाली बड़ी बात यह है कि आप इसे नियंत्रित कर सकते हैं।

अभी हम बस सतही तौर पर बात कर रहे हैं। जीवन-शैली से जुड़े अन्य कई विकल्प आपके आत्म-अनुशासन और आवेग-नियंत्रण को जबरदस्त तरीके से प्रभावित कर सकते हैं। वे आपके हर दिन की ऊर्जा के स्तर पर प्रतिकूल प्रभाव डाल सकते हैं। आप जितना थका-थका-सा महसूस करेंगे, आपके लिए अपने आप को नियंत्रित रखना उतना ही कठिन होगा। आप जितने आराम में रहेंगे, आपके लिए यह उतना ही आसान होगा।

सीखने वाली बात यही है कि जीवन-शैली से जुड़े आपके विकल्प आखिर विकल्प ही तो हैं। उन पर आपको नियंत्रण करना है। अच्छे विकल्प चुनना आसान नहीं हो सकता है। यह असाधारण रूप से कठिन हो सकता है। लेकिन ऐसा करना संभव है, विशेष रूप से उन लोगों के सहयोग से, जो आपकी परवाह करते हैं।

अपनी इच्छाओं के आगे झुके बिना 'सर्फिंग' करें

आमतौर पर जीवन-शैली से जुड़े विकल्पों का मूल हमारी इच्छाओं में होता है।[28] उदाहरण के लिए, हम रात को देरी से सोने जाते हैं, क्योंकि हमें देर रात तक टेलीविजन देखना अच्छा लगता है। हम व्यायाम करने से बचते हैं, क्योंकि उसके बजाय हमें इंटरनेट ब्राउज करना अच्छा लगता है। हम शरीब पीते हैं, क्योंकि हम बेफिक्र और बेझिझक महसूस करना चाहते हैं। हम मीठी चीजें खाना चाहते हैं, क्योंकि हम उनके कारण डोपामाइन के प्रवाह का आनंद लेते हैं।

आत्म-अनुशासन विकसित करने का अर्थ मुख्य रूप से इन इच्छाओं का विरोध करना है। लेकिन आप उन्हें यदि इस प्रकार स्वीकार करें कि उनकी ताकत कम हो जाए तो? यदि आप 'उन पर सवार होकर उन्हें पार करें', जिस प्रकार किसी लहर पर बिना उसके आगे झुके सर्फिंग की जाती है तो?

---

28. बेशक, हमेशा यही मामला नहीं होता, लेकिन इतना तो होता ही है कि हम कम-से-कम इस धारणा के साथ शुरुआत कर सकते हैं।

यहाँ से इच्छाओं पर सर्फिंग, यानी सवारी करने की शुरुआत होती है।

हम जब अनुशासित बने रहने के लिए संघर्ष कर रहे होते हैं तो अकसर अपने आवेगों को अनदेखा करते हैं। यह प्रभावी हो सकता है, विशेष रूप से यदि हमने अपने मस्तिष्क को सहज रूप से अपनी इच्छाओं पर प्रतिक्रिया के लिए उस प्रकार प्रशिक्षित किया है।

इच्छा पर सर्फिंग में इसके विपरीत तरीका इस्तेमाल किया जाता है। अपनी इच्छाओं को अनदेखा करने के बजाय, इसमें उनके अस्तित्व को स्वीकार करना और फिर हमारा डटकर मुकाबला करना शामिल रहता है। हम उनके आगे झुकते नहीं हैं। हम उन्हें स्वीकार करते हैं। हम जब ऐसा करते हैं तो हमारे ऊपर उनकी ताकत वैसे ही कम होती है, जैसे कि एक लहर उठने के बाद गिरती है।

यह इस प्रकार काम करता है—

आपके मन में जब कोई इच्छा पैदा हो तो आप जो कर रहे हैं, उसे बंद कर दें। स्वीकार करें कि आपके मन में वह इच्छा है। अपने आप को दोषी न ठहराएँ। अपने आप को लज्जित न करें। आपकी इच्छाएँ आपके चरित्र को नहीं बताती हैं। वे आपकी दिनचर्या, बुरी आदतों और निर्भरताओं के कारण उत्पन्न होती हैं। उनका होना स्वाभाविक है। न ही आपकी इच्छाएँ आपकी ओर से उठाए कदमों को बताती हैं। आप तय कर सकते हैं कि आप उन्हें नहीं उठाएँगे। ये आवेग केवल यह बताते हैं कि उस समय आप किसी बात को लेकर कैसा महसूस कर रहे हैं। वे क्षणिक होती हैं और अंततः चली जाएँगी।

अपूर्ण इच्छाएँ आपको परेशान, चिड़चिड़ा और बेचैन कर देती हैं। ऐसी भावनाओं का होना स्वाभाविक है। असहज महसूस करना ठीक है। याद रहे, आपकी इच्छाएँ क्षणभंगुर होती हैं। वे चली जाएँगी। आपको उनके आगे झुकना नहीं है।

इच्छाओं पर सर्फिंग का यही सार है। आप अपनी इच्छाओं को नजरअंदाज नहीं करते। आप उन्हें दबाते नहीं हैं। आप मानते हैं कि उनका अस्तित्व है। आप मानते हैं कि उनका होना स्वाभाविक है। आप गौर करते हैं कि वे क्षणिक हैं और समय के साथ समाप्त हो जाएँगी।

इससे आप पर उनका प्रभाव समाप्त हो जाता है। वे अपनी तीव्रता उसी प्रकार खो देती हैं, जिस प्रकार एक शक्तिशाली लहर अपनी ऊर्जा का क्षय कर वापस समंदर में लौट जाती है।

अभ्यास-17

अपनी जीवन-शैली के उन सभी विकल्पों को लिखें, जिनसे आपकी ऊर्जा का स्तर प्रभावित हो सकता है। बिल्कुल स्पष्ट रहें। यहाँ कुछ उदाहरण दिए जा रहे हैं, जिनका उपयोग आप शुरुआत के लिए कर सकते हैं—

- मैं हर रात शराब पीता हूँ और अगले दिन मेरी तबीयत ठीक नहीं लगती।
- मैं बहुत देर से सोने जाता हूँ और अगले दिन थका हुआ महसूस करता हूँ।
- मैं पूरे दिन मीठी चीजें खाता हूँ और जब मिठास से मिली ऊर्जा खत्म हो जाती है तो नींद से बोझिल महसूस करता हूँ।
- मैं कभी व्यायाम नहीं करता हूँ और हमेशा ही ढीला-ढाला महसूस करता हूँ।

इसके बाद अपनी सूची की समीक्षा करें और एक स्वस्थ उपाय सोचें, जिससे हर आदत या दिनचर्या को आप बदल सकते हैं। उदाहरण के लिए, आप सिर्फ शनिवार की रात को ही शराब पिएँ, या आप हर रात 30 मिनट पहले बिस्तर पर जाने का फैसला करें। या आप दोपहर में मिठास से भरी अपनी पसंदीदा खाने की चीज को छोड़ने (या उसके स्थान पर कुछ स्वास्थ्यकर खाने) का फैसला करें।

आखिर में ध्यान दें कि इन बदलावों ने आपकी ऊर्जा के स्तरों पर कितना प्रभाव डाला है। अगर आप पाएँ कि आपकी ऊर्जा बढ़ गई है तो चौंकिए मत। गौर करें कि इसने अपने आवेगों पर नियंत्रण रखने की आपकी क्षमताओं और अपने इरादों पर टिके रहने को किस प्रकार प्रभावित किया है।

आवश्यक समय : 15 मिनट

□

Discipline है जहाँ, सफलता है वहाँ, इस पर अंतिम विचार

~

आत्म-अनुशासन एक उलझन भरा विषय हो सकता है। एक ओर हम मानते हैं कि हम सीमाएँ निर्धारित कर सकते हैं, आत्म-नियंत्रण रख सकते हैं और जब चाहें, तब अतिरिक्त प्रयास कर सकते हैं। हमें लगता है कि भविष्य में हम इसको स्वीकार करने के लिए तैयार हैं।

दूसरी ओर, कभी-कभी ऐसा लगता है, मानो हमारे पास अपने लक्ष्यों को प्राप्त करने के लिए आवश्यक अनुशासन कभी नहीं होगा। ऐसा महसूस हो सकता है, मानो हमें जिस दृढ़ता, धैर्य और संकल्प की आवश्यकता है, वह हमारे वश की बात नहीं है। इसके फलस्वरूप ऐसा महसूस हो सकता है, मानो हमारे जीवन की दशा व दिशा हमारे नहीं, किसी और के द्वारा तय की जा रही है।

सच्चाई इससे कहीं अधिक बेबाकी भरी है।

हम में से कोई भी जन्म से ही आत्म-अनुशासित नहीं होता। फिर भी, हम में से प्रत्येक इसे विकसित कर सकता है।

अपनी बुराइयों, अतीत, परिस्थितियों, पछतावों और लक्ष्यों के बावजूद आप अनुशासित होने का निर्णय ले सकते हैं। एक बार जब आप इस गंतव्य को चुन लेते हैं तो आप अपनी गति से यात्रा कर सकते हैं। महत्त्वपूर्ण बात यह है कि आपका मार्गदर्शन करने के लिए आपके पास एक स्पष्ट व व्यावहारिक रोडमैप है।

बेशक, इस नक्शे की मदद से आपको चरण-दर-चरण दिशा-निर्देश मिलेंगे। लेकिन इसमें उन खतरों को भी दिखाया गया है, जिनसे आप अपनी यात्रा के दौरान बचना चाहेंगे।

'Discipline है जहाँ, सफलता है वहाँ' आपका रोडमैप है। यह आपको आवश्यक दिशा-निर्देश देता है और आपके सामने आने वाली बाधाओं को स्पष्ट रूप से दिखाता है। यह आपको आपकी यात्रा में एक के बाद दूसरे चरण में ले जाता है। साथ ही रास्ते में व्यावहारिक तथा प्रयोग में लाने योग्य उपाय बताता है, ताकि आप आसानी से अपनी मंजिल तक पहुँच सकें।

इसका अर्थ यह नहीं है कि आपकी यात्रा आसान होगी। निश्चित रूप से, आपको ऐसी बाधाओं का सामना करना पड़ेगा, जो आपके संकल्प को चुनौती देंगी। लेकिन यदि आप अपने तय रास्ते के अनुसार चलेंगे तो प्रगति करेंगे। अंत तक इसका पालन करें, और आप अपने लक्ष्यों को प्राप्त करने के लिए आवश्यक आत्म-अनुशासन विकसित कर लेंगे।

मैं इसकी गारंटी देता हूँ।

एक आखिरी बात—यह यात्रा वास्तव में कभी समाप्त नहीं होती। जीवन बार-बार आपकी आत्म-अनुशासन की आदत को खत्म करने का प्रयास करेगा। इसलिए मैं आपसे आग्रह करता हूँ कि जब भी आपको कुछ मूल बातों को फिर से समझने की आवश्यकता हो तो इस पुस्तक पर वापस लौटें। आपको पूरी पुस्तक दोबारा पढ़ने की आवश्यकता नहीं है। बस अपने 'मैप' के उस हिस्से को दोबारा देखें, जो रास्ते की उन बाधाओं को दूर करता है, जिनका आप सामना कर रहे हैं।

इस साहसिक कार्य का आनंद इस विश्वास के साथ लें कि आज आप जो समय और प्रयास लगाएँगे, उनसे आपको अपने आगे के जीवन में ऐसे लाभ मिलेंगे, जो उल्लेखनीय होंगे।

□

क्या आपको 'Discipline है जहाँ, सफलता है वहाँ' पढ़कर आनंद आया ?

~

हमने इस पुस्तक को पढ़ने के दौरान काफी समय एक साथ बिताया है। उसके लिए आपका धन्यवाद! मेरे साथ आपने यह यात्रा की, उसके लिए आपकी इच्छा की सराहना करता हूँ, और मुझे आशा है कि आपने इसे एक लाभप्रद अनुभव पाया होगा।

मैं आपसे एक छोटी सी मदद चाहता हूँ। यदि आपको 'Discipline है जहाँ, सफलता है वहाँ' पढ़कर आनंद आया तो क्या आप अमेजन पर इस पुस्तक की एक संक्षिप्त समीक्षा लिख देंगे? किसी ऐसी चीज के बारे में एक या दो वाक्य, जिससे आपको मदद मिली। यह मेरे लिए बहुत मायने रखेगा।

संभावित पाठक पुस्तक पढ़ने वाले आप जैसे लोगों से इस विषय में जानना चाहते हैं। आपकी समीक्षा उन्हें पुस्तक को परखने के लिए प्रोत्साहित करेगी।

एक आखिरी बात—मैं आमतौर पर नई पुस्तकें भारी छूट पर जारी करता हूँ। यह पाठकों को उनके समय और विश्वास के लिए धन्यवाद देने का मेरा तरीका है।

यदि आप ऐसी सूचना पाना चाहते हैं तो मेरी मेलिंग लिस्ट में शामिल होना न भूलें। आपको 'Catapult your Productivity ! The Top10 habits you must develop to get more things done' नाम की मेरी 40 पेज की पीडीएफ ई-बुक तुरंत प्राप्त होगी।

आप निम्नलिखित पते पर मेरी मेलिंग लिस्ट में शामिल हो सकते हैं— http://artofproductivity.com/free-gift/

मैं आपको अपने इ-मेल न्यूजलेटर के माध्यम से अपनी सर्वोत्तम उत्पादकता, समय-प्रबंधन और आत्म-सुधार सलाह भी भेजूँगा। आपको कई अन्य उत्पादकता हैक्स के साथ-साथ टाल-मटोल को दूर करने, सुबह की दिनचर्या बनाने, बर्नआउट से बचने और बहुत तेज फोकस विकसित करने के बारे में उपाय एवं कार्यनीतियाँ भी मिलेंगी!

यदि आपके कोई प्रश्न हैं या आप कोई युक्ति, तकनीक या माइंड हैक साझा करना चाहते हैं, जो आपके जीवन में सकारात्मक बदलाव लाया है, तो कृपया मुझसे damon@artofproductivity.com पर संपर्क करें। मुझे इसके बारे में जानकर अच्छा लगेगा।

तब तक के लिए,

डेमन जहरिएड्स http://artofproductivity.com

□

हम एक साथ एक सफर पर निकलने वाले हैं। यह आसान नहीं होगा। हम उन बाधाओं का सामना करने जा रहे हैं, जो हमें रोकने की कोशिश करेंगी। लेकिन हमारे पास एक नक्शा है, जो हमें रास्ता दिखाता है। हम उस नक्शे को ध्यान से और अच्छे से समझते हुए आगे बढ़ेंगे।

वैसे, यह सफर अगर कभी-कभी मुश्किल भी हुआ, तब भी (उम्मीद है) कि आपको यह लाभप्रद और सार्थक लगेगा। जब तक हम अपनी मंजिल तक पहुँचेंगे, आपके पास अपने आवेगों को नियंत्रित करने और परिस्थिति की माँग के अनुसार अपनी सीमा से आगे जाने के लिए हर आवश्यक चीज होगी।

तो चलिए, अपना सामान उठाएँ और चल पड़ें।

□□□

अनुवादक

आनंद कुमार राय 15 वर्षों से अनुवाद के क्षेत्र में सक्रिय हैं। भारतीय जन संचार संस्थान से वर्ष 1997 में अंग्रेजी पत्रकारिता में पीजी डिप्लोमा किया। पत्रकारिता के विभिन्न संस्थानों में कार्य करने का 26 वर्षों का दीर्घ अनुभव। प्रतिष्ठित प्रकाशन संस्थानों के लिए 50 से अधिक पुस्तकों का हिंदी में अनुवाद किया। हिंदी व अंग्रेजी के अतिरिक्त कुछ क्षेत्रीय भाषाओं और स्पैनिश भाषा के जानकार।